은혜는 더 낮은 곳으로 흐른다

은혜는 더 낮은 곳으로 흐른다

지은이 | 유재명
초판 발행 | 2016. 10. 10

등록번호 | 제1988-000080호
등록된 곳 | 서울특별시 용산구 서빙고로65길 38
발행처 | 사단법인 두란노서원
영업부 | 2078-3352   FAX | 080-749-3705
출판부 | 2078-3331

책 값은 뒤표지에 있습니다.
ISBN 978-89-531-2665-7 03230

독자의 의견을 기다립니다.
tpress@duranno.com   www.duranno.com

루기에서 찾은 하늘의 영성

은혜는
더 낮은 곳으로
흐른다

유재명 지음

두란노

contents

은혜가 아니면
아무것도 아닙니다

모두가 빠르고 부담 없이 원하는 것을 소유하고 싶어 하는 시대입니다.

사람들은 하나님의 은혜마저 빠르고 간단하게 만들어 내곤 합니다. 하나님의 은혜를 찾을 때는 맛집 탐방을 하듯이 찾아다닙니다. 그러나 사람이 억지로 만든 은혜는 조미료로 맛을 내어 빨리 차린 음식 같습니다. 당장 입에는 자극적인지라 맛있는 것 같지만 우리 몸을 건강하게 하지 못합니다. 그저 집밥처럼 투박하지만 오래 끓여 진하고 깊은 맛을 내는 은혜, 몸에는 체력이 되며 마음은 따뜻해지고 영혼의 배고픔을 채워 주는 온전한 은혜가 적은 시대입니다.

사람이 만들어 낸 은혜는 감동을 줄 수 있지만 진정한 변화는 없습니다. 그래서 성경 안에 담긴 하늘에서 내리는 은혜를 기다리기가 마치 가뭄의 땅에 비 내리기를 기다리는 것 같습니다.

늘 성경은 우리에게 가장 본질적인 질문을 합니다.

나는 누구인가.

나는 누구여야 하는가.

나는 무엇으로 사는 사람이어야 하는가.

이 본질적 질문 앞에서 나는 은혜 없이는 아무것도 할 수 없고, 은혜 빼고는 설명될 수 없는 사람이라고 고백할 수밖에 없었습니다. 그 벅찬 은혜를 품고 룻기를 묵상하는 가운데 길과 진리와 생명이 보였습니다.

> 예수께서 이르시되 내가 곧 길이요 진리요 생명이니 나로 말미암지 않고는 아버지께로 올 자가 없느니라(요 14:6)

거대한 복음의 물결 가운데 보이는 길과 진리와 생명을 사랑하는 성도님들과 함께 나누고 싶었습니다. 그래서 매 주일 룻기에 담긴 복음을 가슴에 새기며 벅찬 은혜의 감격을 나누곤 했습니다. 그리고 그 감격을 더 많은 사람들과 함께 나누고 싶어 책을 엮게 되었습니다.

룻기의 주인공은 룻도, 나오미도, 보아스도 아닙니다. 룻기의 진정한 주인공은 예수 그리스도요, 룻기를 짜내면 '하나님의 은혜'만이 보입니다.

그 은혜는 더 낮은 곳으로 흐르는 성질을 가지고 있습니다. 나오미와 룻은 당시 가장 약자였던 과부와 고아와 나그네의 대표적 인물입니다. 반면에 보아스는 하나님의 기업 무를 자로서 예수 그리스도의 구원의 상징입니다. 이 인물들은 각자의 인생의 가장 낮은 곳에 도도하게 흐르는 하나님의 은혜의 강물을 만났습니다.

나오미는 기업을 잃어버린 자였습니다. 인생에서 중요한 것은 먹고 사는 문제를 해결하는 것이 아니라 은혜로 말미암아 하나님의 뜻을 이루어 내는 싸움인 것을 모르고 하나님의 기업 대신 세상의 산업, 모압을 택했습니다. 그러나 그 선택의 결과는 남편과 아들의 죽음뿐이었습니다.

그러나 하나님의 은혜는 낮고 낮은 곳으로 흘러 모압으로 들어가 모든 것을 잃어버린 나오미를 만나 주었습니다. 그리고 나오미를 거쳐 더 낮은 곳, 이방 여인인 룻에게까지 흘러갔습니다. 이들은 다 버리고 베들레헴으로 돌아가 가장 낮은 땅 타작마당에서 하나님의 은혜의 이불을 덮었습니다.

그렇게 낮은 곳, 더 낮은 곳으로 흐르는 은혜는 결국 결혼하지 못하고 나이 들어 가던 보아스에게 미칩니다. 하나님의 때가 이르렀을 때에 보아스는 기업 무를 자의 의무에 순종하여 예수님의 족보에 이름을 올리는 축복을 얻습니다.

'은혜가 아니면 안 되는 사람들.' 룻기의 모든 인물들은 그렇게 설명됩니다. 그 은혜를 주시는 예수 그리스도의 복음은 우리를 룻기의 역사 안으로, 은혜 안으로 복음 여행을 떠나게 합니다.

이 책을 통하여 독자들과 함께 낮은 땅으로 흐르는 하나님의 은혜의 생수를 나누어 마시고 싶습니다. 하나님의 은혜가 흘러가는 대로 몸을 맡기고 함께 깊은 은혜의 맛을 보기를 소망하며 기도합니다.

새로운 책이 나올 때마다 내 부족한 모습에 부끄러움을 금할 수 없습니다. 그러나 은혜의 많은 조각들 중 빛나는 한 조각을 보여 줄 수 있다는 기쁨에 용기를 냅니다. 하나님의 은혜가 이 책을 읽는 모든 독자의 삶의 현장까지 흘러가 회복과 치유가 일어나기를 소망하며, 성령님께서 모든 부족을 가려 주시고 이 책이 복되게 쓰이길 기도합니다.

2016년 가을에⋯
은혜 없이는 아무것도 할 수 없고
은혜 빼고는 설명될 수 없는 사람,
유재명

PART 1

룻,
복된 흉년을
선택하다

chapter 1

내 삶에 심긴 섭리
(1장 1-5절)

"상상도 못할 것을 채우고 계십니다"

'나는 누구인가?'라는 질문에 자신 있게 답할 수 있는 사람이 몇이나 될까요?

오늘날 많은 사람이 자신을 잃어버리고 포기한 채 적당히 타협하며 살아갑니다. 그렇다 보니 '나'의 안에는 '하나님이 원하시는 나'는 없습니다. 그저 '내가 원하는 대로의 나'만이 있을 뿐입니다. 미래도 없습니다. 그렇게 사는 것이 편하기 때문입니다.

그렇다면 '내가 생각하는 나'는 어떤 사람입니까? 작은 자, 평범한 자, 시험 들어도 되는 자, 대강 살아도 되는 자는 아닌가요? 오늘 평범했으니 내일도 평범한 사람, 오늘 못했으니 내일도 못하는, 여전히 되는 것이 없는 사람으로 나를 단정 짓고 있지는 않습니까? '나는 베드로처럼 살 수 없어, 시몬으로 살 거야' 하고 단념하고 있지는 않습니까?

대부분의 그리스도인들은 작지 않은 자, 평범하지 않은 자로 살려면 많은 것을 내려놓아야 한다고 생각합니다. 하나님이 원하시는 모습으로 산다는 것은 쉽지 않다고 여깁니다. 그래서 내 진짜 모습을 잊고, 하나님이 원하시는 나의 모습을 망각한 채 편한 길을 택하여 살아갑니다.

그러나 사실 내 안에는 '나도 몰랐던 나'가 있습니다.

야곱에게는 애초부터 하나님의 섭리가 심겨 있었습니다. 그것은 어머니 리브가의 태중에 그가 잉태되면서부터 심긴 것이었습니다. 하나님은 처음부터 '아브라함과 이삭과 에서의 하나님'이 아니라 '아브라함과 이삭과 야곱의 하나님'이길 원하셨습니다. 그 섭리가 야곱을 향한 하나님의 일방적 은혜입니다.

> 여호와께서 그에게 이르시되 두 국민이 네 태중에 있구나 두 민족이 네 복중에서부터 나누이리라 이 족속이 저 족속보다 강하겠고 큰 자가 어린 자를 섬기리라 하셨더라(창 25:23)

그러나 야곱은 하나님의 섭리를 몰랐습니다. 그래서 그는 자신이 원하는 대로 인생을 살았습니다. '속이는 자, 빼앗는 자, 인간적으로 사는 자'라는 그의 이름의 뜻처럼 하나님의 뜻과 무관한 삶을 산 것입니다. 그는 그렇게 살아도 되는 줄 알았습니다. 그러나 야곱은 야곱으로 살아서는 안 되는 사람이었습니다.

야곱은 얍복 나루에서 기도의 씨름을 하다가 하나님을 만났습니다. 그제야 하나님의 섭리를 깨달은 것입니다. "나는 누구인가? 나는 누구여야 하는가?"를 발견한 것입니다. 마침내 그의 인생이 완전히 바뀌었습니다. 야곱에서 이스라엘이 되었습니다. 야곱이 원하는 야곱이 아니라 하나님이 원하시는 야곱, 하나님만이 아시는 이스라엘이 처음부터 그에게 심겨 있었기 때문입니다.

아브람도 마찬가지입니다. 어느 날 아브람의 인생에 하나님이 찾아오셨습니다. 그는 하나님의 일방적인 섭리 안에서 고향 갈대아 우르를 떠나야 했습니다. 자기가 원하는 것을 얻기 위해서 선택한 길이 아니었습니다. 그의 안에는 애초부터 '아브람이 원하는 아브람'이 아닌 '하나님이 원하시는 아브라함, 열국의 아비'가 존재해 있었습니다. 아브람은 까맣게 모르고 있었습니다.

지금 우리 안에도 '하나님이 원하시는 나, 하나님만이 아시는 나'가 있습니다. 그 모습은 '내가 아는 나, 내가 원하는 나'와 다릅니다. 내가 생각하는 나는 평범하기 그지없지만 하나님이 원하시는 나는 결코 평범하지 않습니다.

생각지 못한 여인에게서 왕의 계보가 시작되다

룻기 1장 1절은 베들레헴의 한 가정을 소개하기 위해 시대적 배경을 설명하고 있습니다.

사사들이 치리하던 때에 그 땅에 흉년이 드니라(룻 1:1a)

사사들이 치리하던 시대의 사람들은 어떤 방식으로 살았을까요? 여기에 대해 성경은 이렇게 기록하고 있습니다.

> 그 때에는 이스라엘에 왕이 없었으므로 사람마다 자기 소견에 옳
> 은 대로 행하였더라(삿 17:6)

당시 사람들도 하나님을 알았고 예배도 드렸습니다. 하지만 모든 일을 자기 소견에 옳은 대로 행하며 살았습니다. 그들에게는 하나님이 원하시는 것보다 자기가 원하는 것이 더 중요했습니다.

심지어 신앙마저도 자기들이 원하는 대로 믿었습니다. 중요한 결정을 내리거나 선택을 할 때조차도 '하나님이 무엇을 원하시는가'는 고려하지 않았습니다.

지금도 마찬가지입니다. 사람들은 하나님보다 자기가 원하는 대로 선택하고 결정합니다. 왜 그럴까요? 하나님이 원하시는 대로 했다가는 무엇인가 손해 볼 것 같은 생각 때문입니다. 그리스도인조차도 믿음으로 말씀 안에서 살면 손해를 본다고 생각합니다. 그래서 요령껏 믿고, 요령껏 살아가려고 합니다.

그런데 과연 그렇게 살면 지금보다 더 나은 삶을 살 수 있습니까? 세상이 더 좋아집니까?

사사시대는 '일곱 번 심판, 일곱 번 침략, 일곱 번 회개, 일곱 번 용서'가 반복되던 그야말로 혼돈과 공허의 시대였습니다. 세상은 이스라엘을 끊임없이 타락시켰지만, 하나님은 포기하지 않고 끝끝

내 그들을 돌아오게 하셨습니다.

이 혼돈의 시대에 '룻기'는 베들레헴의 한 가정 이야기를 들려줍니다. 남편 엘리멜렉, 아내 나오미, 두 아들 말론과 기룐의 가정입니다. 그 가정은 과거도 평범했고, 지금도 평범하며, 앞으로도 평범할 것입니다. 흉년에 끼니를 걱정해야 할 정도로 가난한 가정이었습니다. 그런데 왜 하나님은 베들레헴의 하고많은 가정 중에 하필이면 이 가정을 선택한 걸까요?

하나님은 이 가정에 당신의 섭리를 심으셨습니다. 놀랍게도 이런 평범한 가정을 통하여 이스라엘의 왕 다윗이 태어나도록 계획하고 계셨던 것입니다. 또한 온 유대와 이스라엘이 목마름으로 기다리던, 이 땅의 메시아 예수 그리스도의 계보를 시작하십니다.

아브라함과 다윗의 자손 예수 그리스도의 계보라(마 1:1)

아마 그들은 자신의 가정에 이렇게 엄청난 섭리가 있으리라고는 감히 꿈도 꾸지 못했을 것입니다. 그저 오늘 먹고 살기도 버거운 가정에서 왕이 나온다는 것을 어찌 상상이나 할 수 있었겠습니까?

19살 유재명에게 하나님의 섭리가 심기다

나는 다섯 살 때 아버지가 돌아가시고, 여덟 살 때는 어머니마저 돌아가셨습니다. 부모님과의 추억도 없고, 모습도 잘 기억나지 않습니다. 부모 없는 삶은 험할 수밖에 없었습니다. 하루하루를 보내는 것 자체가 너무나 힘들었습니다.

나는 중학교를 두 달 다니다 말고 공장은 물론 여러 가지 일을 하며 참으로 소망 없는 삶을 살고 있었습니다. 열아홉 살이 되던 해였습니다. 하루는 기도를 많이 하던 누나가 네 시간이나 버스를 타고 나를 찾아와 이런 이야기를 들려주었습니다.

"기도를 하는데 하나님이 우리 가정에 목사를 한 명 세우실 것 같다는 생각이 들었어. 나는 그게 너라고 생각해. 오랫동안 마음에 품고 있었는데, 오늘은 말해 주어야 할 것 같아서 왔어."

그리고 누나는 다시 네 시간 차를 타고 집으로 돌아갔습니다.

그 이야기를 들을 당시만 해도 나는 목사가 될 생각이 전혀 없었습니다. 상상조차 할 수 없는 일이었습니다. 내 삶의 그릇에는 가난과 고생만 담겨 있는 줄 알았기 때문입니다. 가난한 삶에 찌들어 있고, 남들보다 고생스럽게 사는 유재명이라는 인생만 보였을 뿐입니다. 물론 바라는 것이 없는 건 아니었습니다. '부자가 됐으면 좋겠다, 잘살았으면 좋겠다'는 생각을 했지만 그것이 어찌 비전일 수 있겠습니까? 내게는 아무 희망도 비전도 없었습니다.

그런데 하나님은 열아홉 살 유재명이라는 삶의 그릇에 무엇인가를 담고 계셨습니다. 나는 알 수 없는 일, 상상조차 할 수 없는 일이었습니다. 그러나 하나님은 이미 알고 계셨습니다. 기도하던 누나에게 알려 주셨고, 준비하게 하셨던 것입니다. 아브람에서 아브라함, 야곱에서 이스라엘, 시몬에서 베드로가 되기까지 섭리하셨던 은혜였습니다. 지금 당신의 삶에도 분명 하나님의 섭리가 있습니다.

27년 전, 십자가도, 제대로 된 간판도 하나 없이 안산빛나교회가 심겼습니다. 당시 교회가 지하에 있었는데 어찌나 습하고 물이 새던지, 밖은 환하고 쨍쨍한 날인데도 우리는 늘 물을 퍼내야 했습니다. 그렇게 목회를 시작했을 때, 제일 먼저 닥친 아픔은 아내의 질병이었습니다.

어느 날 아내와 함께 식사를 하는데 밥상을 앞에 두고 아내 목에서 피가 한 웅큼 넘어왔습니다. 당황한 아내가 피를 닦으면서 눈물을 흘렸습니다. 내가 너무 놀라 물었습니다.

"당신 왜 그래?"

"여보, 나 아파."

"많이?"

"응."

많이 아프다는 아내에게 언제부터 그랬느냐 물으니 한참 됐다는 것입니다. 나는 내 자신이 원망스러웠습니다. 사역이 뭐기에, 도대체 무엇에 미쳐있었기에 아내가 이렇게 아픈데도 아픈 줄을 몰랐을까. 아내에게 왜 아프다는 말을 하지 않았느냐 묻자 아내는 도리어 내게 미안해했습니다.

"여보, 아파서 미안해. 교회 개척하는 데 내가 짐이 될까봐 무서웠어."

그렇게 말하는 아내에게 도리어 내가 더 미안했습니다. 무너지는 마음을 붙잡고 아내와 병원에 갔습니다. 여러 가지 검사를 하고서야 결핵이라는 진단이 나왔습니다. 그때부터 아내는 극도로 몸이 나빠지기 시작했고, 결국 시골로 요양을 떠났습니다.

아내는 약해진 몸으로도 주님과 교회를 사랑했습니다. 최선을 다해 찬송하고, 기도했습니다. 몸이 약한 탓에 침상에 있는 시간이 많아지자 아내는 기도하는 중에 종종 꿈을 꾸곤 했습니다. 그러고 나면 그 내용을 적어 놓고 기도하고는 나에게도 들려주었습니다.

하루는 아내가 꿈을 꿨다면서 이런 이야기를 했습니다.

"여보, 하나님이 우리 교회를 크게 쓰신대요. 나중에 우리 교회를 주시는데, 그 교회를 도심 한 중앙에 세우신대요."

그 꿈이 얼마나 꿈같은 이야기였는지, 절로 입가에 미소가 지어졌습니다. 그때 나는 지하에서라도 하나님을 위한 목회를 하고 있다는 사실이 감사했습니다. 그것으로 족하다 생각했습니다. 어쩌면 더 큰 그림을 그릴 자신이 없었는지도 모릅니다. 그래서 괜스레 꿈 이야기를 하는 아내에게 "그 꿈 꿀 때 마지막에 개 한 마리 지나가지 않았어?" 하고 핀잔을 주곤 했습니다.

성전 건축을 위해 땅을 살 때도 아내는 꿈 이야기를 했습니다. 그때 내가 교회 터를 보여 주면 아내는 꿈에서 본 곳은 여기가 아니라며, 하나님이 새로운 곳을 주실 거라고 말했습니다. 나는 그렇게 말하는 아내를 도리어 책망했습니다. 당신은 꿈만 꾸면 되느냐고, 아내 노릇, 사모 노릇도 제대로 못 하면서 쓸데없이 꿈만 꾼다고 나무랐습니다.

그런데 지금의 안산빛나교회 예배당 장소로 이곳 땅을 품고 기도할 때 아내는 하나님이 주신 땅이 바로 이곳인 것 같다고 했습니다. 나는 아내에게 이곳이 꿈에 하나님이 보여 주신 도심 중앙이 맞느냐고 물었습니다. 어딜 봐서 여기가 도시 중심이냐, 변두리가 아니냐는 약간의 냉소가 담긴 말이었습니다. 그런데 지금 우리 교회 건너편에 송산 신도시가 들어서더니 교회 앞으로 다리가 놓이고 있습니다. 아내가 기도하면서 꿈에 본 그대로 이루어진 것입니다. 아내를 통해 오랫동안 품게 했던 성전 건축에 대한 하나님의 비전이 내 눈앞에서 현실이 되고 있습니다.

27년 전, 허름하고 초라한 작은 교회에 하나님의 섭리가 심겨 있었다는 사실을 누가 알았겠습니까? 우리는 언제까지나 울어야 하고, 아파야 하고, 힘들어야 하는 줄 알았는데, 하나님은 그 고난을 통과하는 우리 삶에 당신만이 그릴 수 있는 그림을 그려 내기 시작했습니다. 더욱 놀라운 사실은 그것을 하나님 혼자만 알고 있지 않고 누군가의 마음에 소망을 품게 하고, 기도로 준비하게 하신 것입니다.

환경이 거부하고 모두가 부정해도 어느 누군가는 하나님이 주신 비전, 섭리를 품고 있습니다. 계산은 되지 않지만 말로는 표현할 수 없는 그 어떤 것을 품고 있는 사람들이 있습니다.

혹시 자신도 이해할 수 없을 정도로 남다른 꿈을 꾸고 있습니까? 자신도 이해할 수 없을 정도의 남다른 기도를 하고 있습니까? 어떤 상황에서도 절대로 그 꿈을, 그 기도를 놓지 마십시오. 하나님이 아브라함에게 보여 주신 별들, 약속의 말씀들이 당신에게 있다면 그걸 품어 내기를 바랍니다.

어찌하여 하나님 백성의 땅은 흉년인가

그러나 하나님의 뜻대로 살려고 해도 그게 쉽지 않습니다. 인생에 시련이 닥치는 것입니다.

> 사사들이 치리하던 때에 그 땅에 흉년이 드니라 유다 베들레헴에
> 한 사람이 그의 아내와 두 아들을 데리고 모압 지방에 가서 거류
> 하였는데(룻 1:1)

모두가 '자기 소견에 옳은 대로' 살던 사사시대에 베들레헴은 하나님의 계획과 섭리가 심긴 땅이었습니다. '베들레헴'이라는 말은 히브리어로 '떡집, 약속의 땅'이라는 뜻이 있습니다. 이 말처럼 하나님은 장차 이 땅에서 다윗과, 메시아인 예수 그리스도의 탄생을

계획하셨습니다. 엄청난 역사적 인물들을 품고 있는 땅이었던 것입니다. 그런데 그 베들레헴에 흉년이 왔습니다.

상대적으로 모압은 엄청난 풍요를 누리고 있었습니다. 우리는 종종 이와 같은 상황 앞에서 혼란에 빠지곤 합니다.

"어찌하여 하나님의 백성이 사는 땅은 흉년이고, 저주의 땅은 풍년이란 말인가?"

우리는 무의식 속에서 '베들레헴은 모든 상황 속에서도 풍년이어야 하고, 모압은 흉년이어야 한다'는 생각을 합니다. 그런데 실상은 다릅니다. 이상하게 하나님의 땅에 흉년이 듭니다. 지금도 그렇지 않습니까? 하나님을 믿지 않는 사람은 삶이 잘 풀리고 부요한데 하나님을 섬기는 내 인생은 막막하고 가난합니다. 여기서 많은 그리스도인이 흔들리기 쉽습니다.

베들레헴에 흉년이 들자 많은 사람이 흔들렸습니다. 저주의 땅, 하나님의 사람이라면 결코 머물러서는 안 되는 땅이었지만, 먹고살아야 한다는 명분 앞에서 많은 사람이 모압으로 이주했습니다.

문제는 엘리멜렉과 나오미의 가정이었습니다. 하나님의 섭리가 심긴 그 가정에도 시련이 찾아들었습니다. 결국 엘리멜렉과 나오미의 가정 역시 풍요를 좇아 약속의 땅 베들레헴에서 저주의 땅 모압으로 이주했습니다. 좀 더 잘살겠다고, 넉넉하게 살아 보겠다고 그들 스스로 하나님의 말씀을 놓아 버리고 모압으로 이주한 것입니다.

그러나 그것은 영에서 육으로의 선택이었습니다. 축복에서 저주를 선택한 것이었습니다. 결국 모압 땅에서 그들을 기다린 것은 기대했던 풍요가 아니라 사망이었습니다.

모압이 어떤 땅입니까? 소돔 성의 심판에서 롯의 아내가 저주를 받아 소금기둥이 된 후, 롯이 두 딸과 동침하여 낳은 아들 모압과 암몬의 후손들이 살던 도시가 바로 그곳이었습니다. 그들에 대한 저주가 얼마나 단호했는지 하나님은 그들로 하여금 영원히 여호와의 총회에 들어올 수 없게 하셨습니다.

> 암몬 사람과 모압 사람은 여호와의 총회에 들어오지 못하리니 그들에게 속한 자는 십 대뿐 아니라 영원히 여호와의 총회에 들어오지 못하리라(신 23:3)

엘리멜렉의 가족이 다른 곳도 아니고 모압을 선택한 것은 인간적인 어리석음이었습니다. 당시 유대인들은 모압으로 가면 안 된다는 것을 알고 있었을 것입니다. 그럼에도 현실과 타협하고, 불신앙적인 선택, 육적인 선택을 망설이지 않았습니다.

하나님의 섭리를 모르고 불신앙적 선택을 한 엘리멜렉의 가정을 하나님은 어떻게 하셨을까요?

> 나오미의 남편 엘리멜렉이 죽고 나오미와 그의 두 아들이 남았으

며(룻 1:3)

엘리멜렉의 '엘리'에는 '나의 하나님'이라는 뜻이 있습니다. '멜렉'은 '왕'이라는 뜻입니다. 곧 엘리멜렉은 '나의 하나님은 왕이시다'라는 의미가 됩니다. 그렇다면 엘리멜렉은 마땅히 하나님이 주인 되시고 왕 되신 삶을 살아야 했습니다. 그의 이름에 하나님의 뜻이 담겨 있었고, 그 삶에 하나님의 섭리가 담겨 있었기 때문입니다.

그 가정도 마찬가지입니다. 엘리멜렉의 가족은 어떠한 상황에서든 '하나님의 원하심'이 무엇인지를 중요하게 생각해야 할 사람들이었습니다. 하나님이 그들도 알지 못 하는 놀라운 섭리, 왕의 계보의 시작이라는 비전을 그 가정에 담으셨기 때문입니다. 세상 사람들이 모두 자기 원하는 대로 살아도 엘리멜렉의 가정은 그렇게 살아서는 안 되었습니다. 다른 가정은 모압으로 이주해도 이 가정은 약속의 땅 베들레헴에 남아 절대 믿음을 가지고 흉년을 잘 인내해야 했습니다. 그 가정에 심은 하나님의 뜻과 섭리가 실현되기까지 말입니다. 그러나 그 가정은 '절대 믿음'을 놓아 버렸습니다. 결국 풍요를 좇아 왔는데 풍요는 누려 보지도 못한 채 죽음의 고통이 이 가정을 지배했습니다.

그런데 이번에도 또 그런 생각이 듭니다. 왜 하필 엘리멜렉과 나오미의 가정이었을까? 흉년을 피해 많은 가정들이 베들레헴을 떠나 모압으로 이주했을 것입니다. 그러나 하나님은 다른 가정은 문제 삼지 않으시고, 유독 엘리멜렉의 가정을 향하여 "너희는 안 돼"라고 하신 것입니다.

때로는 나도 대강 살고 싶습니다. 그런데 하나님께서는 아니라고 하십니다. 하나님이 나를 대강 살고, 대강 믿도록 그냥 내버려 두지 않으십니다. 왜냐하면 대강 사는 삶의 자리는 하나님이 계획하신 내 자리가 아니기 때문입니다. 엘리멜렉의 가정도 마찬가지입니다. 하나님이 계획하신 그들의 삶의 터전은 모압이 아니었습니다. 그들은 아무 곳에나 가서 살고 싶은 대로 살아도 되는 사람이 아니었습니다.

세상 안에서 믿음을 지켜 내는 것은 결코 쉽지 않습니다. 우리 인생에도 베들레헴의 흉년처럼 예기치 않은 문제가 발생하지 않습니까? 하나님이 심으신 섭리는 이렇게 시련과 함께 시작되는 경우가 많습니다. 다윗이 기름 부으심을 받고 섭리의 울타리 안에 들어가니 가장 먼저 사울을 통한 시련이 기다리고 있었습니다. 요셉도 꿈을 꾼 후에 종살이와 감옥 생활을 해야 했습니다. 시련을 통과하지 않고 저절로 이루어지는 하나님의 역사는 없습니다.

지금 당장 어렵더라도 당신의 가정에 심긴 장차 다가올 섭리를 믿어야 합니다. 엘리멜렉의 가정에서처럼 그 시련이 내가 어찌할 수 없는 국가적인 시련일지라도 말입니다.

내 삶에 담긴 섭리를 믿으라

오늘이 힘듭니까? 그런데도 예수를 잘 믿어야 하는 이유는 무엇입니까? 대강 살아서는 안 되는 이유가 무엇일까요? 지금까지 받은 은혜가 커서입니까? 물론 지금까지 누린 에벤에셀의 은혜도 엄청난 것입니다. 그러나 그보다 더 중요한 이유는 내 인생이라는 삶의 그릇에 하나님이 무엇을 담아 두셨는지 알 수 없기 때문입니다.

나는 결코 대강 믿고, 대강 살아서는 안 되는 사람입니다. 나를 주목하시는 하나님! 나를 섭리하시고, 만들어 가시는 하나님을 붙잡아야 합니다. 그분을 믿어야 합니다. 하나님이 내 삶에 당신의 섭리를 담아 두셨다는 사실을 믿음으로 붙잡아야 합니다. 이 사실을 믿음으로 받고, 삶으로 반응해야 합니다. 물론 내 가정도, 지금의 내 인생도 지극히 평범할 수 있습니다. 겨우 먹고 사는 정도일 수 있습니다. 그러나 우리 하나님은 그 평범함 가운데 당신의 창조 역사를 여전히 이루어 내십니다.

아브라함도, 다윗도 평범했습니다. 그러나 하나님이 그들을 주목하여 찾아 내고 그들을 하나님의 사람으로 만들어 내셨습니다. 다른 사람이 나를 봐도, 내가 나를 봐도 별것 없는 사람일 수 있습니다. 그러나 그 사람, 그 가정에 하나님의 비전이 심겨 있다면 말이 달라집니다.

그럼에도 사탄은 스스로를 저평가하게 합니다. 사탄은 현실에 매이게 하고, 오늘의 나만 보게 합니다. 사탄은 지금 처한 상황, 가장 연약한 모습만 보도록 시야를 좁혀 버립니다. 그리고 미래의 내 모습, 내게 심긴 하나님의 섭리를 포기하게 만듭니다.

사탄은 형제들을 통하여 요셉을 죽이려고 한 것이 아니었습니다. 요셉 안에 심긴 하나님의 섭리, 꿈을 죽이려고 했던 것입니다. 내 삶에 심긴 하나님의 섭리를 놓아 버리고 꿈도 잃고 살아간다면 살아도 산 것이 아닙니다. 내 삶에 내가 알지 못하는 섭리를 담으시는 하나님은 끊임없이 나의 자존감을 회복시킵니다. 자존감이 무너져 있으면 하나님의 섭리를 담을 수 없고, 그렇게 되면 그분의 뜻을 이룰 수 없기 때문입니다.

하나님은 야곱에게 이렇게 선포하십니다.

> 그러나 나의 종 너 이스라엘아 내가 택한 야곱아 나의 벗 아브라함의 자손아 내가 땅 끝에서부터 너를 붙들며 땅 모퉁이에서부터 너를 부르고 네게 이르기를 너는 나의 종이라 내가 너를 택하고 싫어하여 버리지 아니하였다 하였노라 두려워하지 말라 내가 너와 함께 함이라 놀라지 말라 나는 네 하나님이 됨이라 내가 너를 굳세게 하리라 참으로 너를 도와 주리라 참으로 나의 의로운 오른손으로 너를 붙들리라(사 41:8-10)

이 말씀은 다시 우리를 향해 선포됩니다. 하나님은 우리에게도 같은 말씀을 하십니다.

"너는 너를 포기하거나 놓아 버리지 말아라. 네가 아는 너 말고 나만이 아는 네가 있다."

그냥 하나님을 아는 자로, 하나님을 믿는 자로 부르신 것이 아니라고 하십니다. 나의 삶에 담겨 있는 그 무엇인가를 믿으라고 하십니다.

모든 상황 가운데서 나 자신을 지켜 내십시오. 하나님이 원하시는 나로 살아 내십시오. 내 삶에 담긴 하나님의 섭리는 시련을 먹고 완성된다는 것을 기억하십시오. 오늘 하나님을 믿는 믿음 안에서 그 자존감이 회복되는 놀라운 역사가 있을 것입니다.

chapter 2

끝에서 다시 시작으로
(1장 6-7, 19-22절)

"탕자가 된 것이 복입니다"

남편 엘리멜렉이 죽고 나오미는 과부의 처지가 되었습니다. 그녀는 아마 하루에도 몇 번이나 고향 베들레헴을 그리워했을지도 모릅니다. 그런데도 나오미는 끝까지 악수를 둡니다. 사람이 한 번 악수를 두면 또다시 나쁜 선택을 할 가능성이 높습니다. 한 번의 불신앙적 선택은 또 다른 불신앙적 삶에 매이게 하기 때문입니다.

안타깝게도 남편이 죽었으면 얼른 깨닫고 베들레헴으로 돌아와야 하는데 나오미는 자꾸 귀향을 미루었습니다. 그러더니 두 아들을 모압 여인과 결혼시켰습니다. 아예 모압에서 눌러 살기로 작정을 한 것입니다. 한 번의 불신앙적 선택은 점점 더 육신적 골짜기에 빠지게 해, 결국에는 모압 여인과 결혼한 두 아들까지 죽게 했습니다.

내버려 두지 않는 것이 은혜다

> 그들은 모압 여자 중에서 그들의 아내를 맞이하였는데 하나의 이름은 오르바요 하나의 이름은 룻이더라 그들이 거기에 거주한 지 십 년쯤에 말론과 기룐 두 사람이 다 죽고 그 여인은 두 아들과 남편의 뒤에 남았더라(룻 1:4-5)

남편과 두 아들까지 잃어버린 나오미의 마음은 어떠했겠습니까? 나중에 나오미는 자신의 삶에 대하여 이렇게 고백합니다.

나오미가 그들에게 이르되 나를 나오미라 부르지 말고 나를 마라
라 부르라 이는 전능자가 나를 심히 괴롭게 하셨음이니라(룻 1:20)

나오미는 자기 삶을 마라의 쓴 물에 빗대어 표현합니다. 모든 것
을 잃어버린 괴로운 인생이라는 말입니다. 나오미의 고통을 보면
서 이런 생각이 절로 듭니다. '차라리 베들레헴을 떠나지 말고 그대
로 인내하지. 두 아들을 잃기 전에 결단을 내렸더라면…. 왜 좀 더
빨리 베들레헴으로 돌아가지 못했을까?'

유다 베들레헴에 한 사람이 그의 아내와 두 아들을 데리고 모압
지방에 가서 거류하였는데(룻 1:1b)

'거류'라는 단어로 번역된 성경의 원어는 '잠깐 있으려고 머무는
상태'를 뜻합니다. 사실 이들이 처음 모압 지역으로 간 까닭은 흉
년을 피해 잠깐 머물려던 것이었습니다. 그러나 베들레헴으로 돌
아오는 시기를 하루하루 미루다 어느새 모압에서 10년을 머물고
맙니다. 남편과 자식은 물론 모든 것을 잃을 때까지 쉽게 고향으
로 돌아올 수가 없었습니다. 그냥 돌아오지 못한 것이 아닙니다. 저
주받은 모압, 그곳을 지배하고 있던 사탄이 그들을 놓아 주지 않은
것입니다.
왜 그랬을까요? 사탄은 나오미의 가족이 베들레헴으로 돌아가

면 하나님의 역사가 시작되는 것을 알았기 때문입니다. 많은 사람이 무엇엔가 발목이 잡혀 죄와 세상의 습관에 매여 있습니다. 피곤해서 기도를 못 하는 것이 아닙니다. 이유 없이 믿음으로 살지 못하는 것이 아닙니다. 죄 짓고 싶어 죄를 짓는 사람은 없습니다. 죄가 우리를 붙들고 놓아 주지 않습니다. 사탄은 오늘도 이렇게 하나님의 뜻이 심긴 많은 사람의 발목을 잡고 있습니다. 우는 사자처럼 삼킬 기회를 엿봅니다.

지금 내가 처한 자리가 어디입니까? 무엇이 나를 기쁘게 합니까? 혹시 부모 몰래, 배우자 몰래 해야 하는 일이라면 그것이 죄입니다. 하나님이 계신 곳이 아니라면, 저주 받은 곳이라면 지금 그곳에서 돌이켜야 합니다.

그렇기 때문에 하나님의 간섭이 복입니다. 다른 사람은 대강 살아도 그냥 내버려 두시면서 내 삶에는 일일이 간섭하시는 것이 하나님의 섭리입니다. 다른 사람은 기도하지 않아도 그냥 내버려 두시지만 내게는 늘 깨어 기도하라고 하십니다. 불붙는 심장이 되게 하십니다. 순종, 전도, 믿음 등 하나님의 섭리 안에서 내 인생을 계획하고 소중히 여기십니다. 이것은 정말 중요한 일입니다. 성도가 믿음 안에서 살면서도 나와 내 삶을 가볍게 여기는 것은 사탄의 역사입니다.

하나님의 비전이 내 안에 있다고 믿는 사람은 자신을 함부로 대하지 않습니다. 그러나 사탄은 그런 비전의 사람이 하나님의 섭리 안에 있는 자신을 포기하고 삶의 그림을 세상적으로 그려 가게 합니다. 하나님 안에서 느끼는 기쁨이 아니라 세상이 주는 기쁨에 취해 버리게 합니다. 그리고 저주 받은 모압에 주저앉게 합니다. 나오미가 고향으로 돌아가고자 해도 돌아갈 수 없도록 10년을 넘게 붙든 것처럼, 큰 결단이 아니면 다시 돌아갈 수 없게 합니다.

어디에서 무엇을 하든지 교회만 다니면 되고, 예수만 믿으면 되는 것이 아닙니다. 하나님의 뜻을 믿으면 울타리 안에서 살아야 합니다. 다른 사람들은 다 자기 마음대로 살아도 나는 주님이 원하시는 삶을 살아야 합니다.

우리는 하나님의 음성을 듣고 일어나 돌아가야 합니다. 돌아가야 하나님의 역사를 볼 수 있기 때문입니다. 돌아가지 못하고 무엇엔가 매여 있으면 하나님의 뜻은 성취될 수 없습니다. 욕심이든, 중독이든, 게으름이든 매여 있는 죄의 습관에서 풀려나십시오. 그래야 위대한 역사, 하나님의 뜻이 내 삶에 펼쳐지는 놀라운 은총을 경험할 수 있습니다.

망할 대로 망한 것이 복이다

결국 나오미는 다시 베들레헴으로 돌아옵니다. 모압을 선택한 것이 육을 위한 것이었다면 베들레헴을 선택한 것은 영을 위한 것이었습니다. 영적이어야 할 사람이 육을 위해 떠났다가 비로소 영을 위해 결단하고 돌아온 것입니다. 이것은 최악에서 최선으로의 선택이요, 저주에서 축복으로의 선택이었습니다.

그러나 그 모습은 금의환향과는 거리가 멀었습니다. 그녀는 남편과 두 아들은 물론, 가진 재산도 다 잃고 빈손이 되었습니다. 그런데 성경은 이렇게 처절한 모습으로 돌아오는 나오미를 '축복' 받은 사람으로 전하고 있습니다. 망할 대로 망하여 빈털터리로 돌아오는 나오미의 삶을 왜 축복의 삶이라 말하는 걸까요?

이때의 나오미의 모습은 마치 아버지의 집을 떠난 탕자가 완전히 망해 버린 채로 돌아오는 모습과 비슷합니다.

> 그가 돼지 먹는 쥐엄 열매로 배를 채우고자 하되 주는 자가 없는지라 이에 스스로 돌이켜 이르되 내 아버지에게는 양식이 풍족한 품꾼이 얼마나 많은가 나는 여기서 주려 죽는구나 내가 일어나 아버지께 가서 이르기를 아버지 내가 하늘과 아버지께 죄를 지었사오니 지금부터는 아버지의 아들이라 일컬음을 감당하지 못하겠나이다 나를 품꾼의 하나로 보소서 하리라 하고(눅 15:16-19)

'아버지가 아니어도 된다. 돈만 있으면 된다' 하고 세상으로 떠났던 탕자! 그러나 아버지를 떠난 것은 진정한 자유가 아니었습니다. 그는 얼마 지나지 않아 돼지나 먹는 쥐엄 열매로 허기진 배를 채워야 할 정도로 망해 버렸습니다. 그 망해 버린 탕자가 이제야

'아! 나는 여기 있을 사람이 아니구나. 내가 있을 곳은 아버지의 울 타리 안이구나!' 하는 것을 깨달았습니다. 그리고 나오미처럼 빈손 이 되어 다시 아버지에게로 돌아온 것입니다.

　탕자가 세상에서 성공을 이루었다면 아버지 품으로 돌아올 수 있었겠습니까? 나오미가 모압에서 별다른 시련 없이 떵떵거리며 살게 됐다면 약속의 땅 베들레헴으로 돌아왔겠습니까? 오히려 그 들이 성공한 삶을 살았다면 그것은 축복이 아니라 저주였을지도 모릅니다. 오히려 세상적 시각으로는 망할 대로 망해 돌아오는 그 들의 모습이 '복음 안에서' 축복으로 보이는 것입니다.

> 그 여인이 모압 지방에서 여호와께서 자기 백성을 돌보시사 그들 에게 양식을 주셨다 함을 듣고 이에 두 며느리와 함께 일어나 모 압 지방에서 돌아오려 하여(룻 1:6)

　모압에서 너무 많은 것을 잃어버린 나오미에게 베들레헴으로부 터 풍요의 소식이 들렸습니다. 그 풍요는 단순히 물질만을 말하는 것이 아니라 자기 백성을 돌보고 계시는 하나님의 은혜입니다. 하 나님께서는 베들레헴의 자기 백성에게 은혜를 베푸신 것입니다. 베들레헴 사람들은 여전히 힘들게 살아갔지만 신앙 안에서 인내하 며, 은혜 안에서 살았습니다.

　어느 날, 나오미는 자신만 울타리 밖에 있는 것을 알았습니다.

그때서야 그녀는 울타리 안의 소중함을 깨닫습니다. 모든 것을 잃어버리고 비로소 '자기가 누구여야 하는가'를 깨달은 것입니다. 그어떤 고난과 시련이 있어도 베들레헴에 있어야 하는 사람이었다는 것을 깨달은 것입니다.

다 버리고 돌아와야 다시 시작할 수 있다

결국 나오미는 육신의 풍요가 아닌 은혜를 좇아 돌아가기로 결단을 내립니다. 그런데 그런 나오미를 향해 베들레헴 사람들은 어떤 반응을 보였을까요?

> 이에 그 두 사람이 베들레헴까지 갔더라 베들레헴에 이를 때에 온 성읍이 그들로 말미암아 떠들며 이르기를 이이가 나오미냐 하는지라(룻 1:19)

모든 것을 잃어버린 채 돌아온 나오미를 보면서 온 성읍 사람들이 떠들며 이르기를 '이 사람이 나오미냐' 했습니다. 이렇게 떠드는 사람들의 속마음이 어떠했겠습니까?

"나오미가 어쩌다 저렇게 되었어?"

"한때 은혜 받았다고 그렇게 나대더니 꼴좋네."

"남편 죽고 아들까지 죽고 어떻게 돌아올 수가 있지? 얼굴도 두

껍네."

앞에서는 웃으며 환대했겠지만, 뒤에서 얼마나 수군거렸을까요? 그러나 믿음의 성도들은 교회 공동체 안에서 유념해야 할 것이 있습니다. 어떤 일이 있어도 돌아오는 사람을 정죄하거나 판단해서는 안 됩니다. 영적으로 돌아오는 사람을 세상의 눈으로 이러쿵저러쿵 하고 판단하는 것은 죄입니다. 혹 교회를 떠났다가 다시 돌아오는 성도가 있거든 사랑으로 품어 주어야 합니다. 탕자의 형처럼 교회에 오는 사람을 거부해서도 안 됩니다. 아버지는 돌아온 동생을 마음으로 품어 주지 못하는 첫째 아들을 보며 더 아팠을 것입니다.

이처럼 뭇사람들의 이목을 받는다는 것은 돌아온 나오미에게 큰 상처일 수 있었습니다. 그러나 나오미는 자신의 심정을 담아 사람들에게 이렇게 말합니다.

나오미가 그들에게 이르되 나를 나오미라 부르지 말고 나를 마라라 부르라 이는 전능자가 나를 심히 괴롭게 하셨음이니라(룻 1:20)

나오미라는 이름에는 '기쁨'이라는 뜻이 들어 있습니다. 그러나 마라는 '고통, 쓰라림'이라는 뜻입니다. 나오미가 자신의 이름을 나오미라 부르지 말고, 마라라고 부르라고 한 것은 동네 사람들이 수군거리는 말이 다 맞는 말이라며 자기 죄를 인정한 것입니다. 육적 선택으로 나아갔던 삶은 나오미, 즉 기쁨이 아니었고 마라, 즉 쓴 물, 고통이었다고 스스로 고백한 것입니다. 이것은 곧 영적인 회복을 위해 돌아왔으므로 인간적 부끄러움은 이겨 내겠다는 의지의 표현입니다.

우리는 어려운 일을 당하거나 중대한 결단을 할 때, 사람들의 평가와 몇 마디의 말에 쉽게 포기합니다. 하지만 영적 회복을 위해 돌아오는 것이라면 인간적 자존심 따위는 별것 아닙니다. 부끄러움 정도는 이겨 내야 합니다. 그럼에도 다른 사람의 평가가 두렵고 이목에 신경이 쓰인다면 여기에는 두 가지 문제가 있습니다.

첫째는 아직도 여유가 있다는 것입니다. 진짜 어려우면 다른 사람의 평가에 신경 쓸 여유가 없습니다. 둘째는 아직도 하나님을 향한 마음이 온전하지 않기 때문입니다. 우리가 온전히 하나님을 향하고자 하지만 그 영적 시선을 빼앗아 가는 것들이 얼마나 많습니까? 염려, 두려움, 자존심, 다른 사람을 의식하는 것 등… 이런 마음들이 오로지 하나님을 구하지 못하도록 막고, 돌아가야 할 자리로 못 가도록 막습니다.

그러나 나오미는 그 모든 것을 내려놓고 베들레헴으로 돌아옵니다. 모든 것을 내려놓으면 사람들의 말, 시선, 비웃음 따위는 문제가 되지 않습니다. 이미 자기를 낮추어 버렸는데 무엇이 문제겠습니까? 만약 나오미가 주변의 평가를 염려했다면 영원히 하나님의 울타리 안으로 돌아올 수 없었을 것입니다.

지금부터는 아버지의 아들이라 일컬음을 감당하지 못하겠나이다 나를 품꾼의 하나로 보소서 하리라 하고 이에 일어나서 아버지께로 돌아가니라 아직도 거리가 먼데 아버지가 그를 보고 측은히 여겨 달려가 목을 안고 입을 맞추니 아들이 이르되 아버지 내가 하늘과 아버지께 죄를 지었사오니 지금부터는 아버지의 아들이라 일컬음을 감당하지 못하겠나이다 하나(눅 15:19-21)

사람들은 돌아온다고 하면서도 자기 생각을 버리지 못하고 '내가 돌아오면, 내가 믿어 주면 이렇게 해 주셔야 한다'는 태도로 돌아옵니다. 시험에 들어 교회를 떠났던 성도가 돌아오면서 '목사님이 이렇게 해주시면…' 이라는 조건을 붙이기도 합니다.

이런 조건이 붙었다는 것은 다 내려놓은 것이 아닙니다. 완전히 돌아온 것이라고 말할 수 없습니다. 탕자가 자기 입장만 생각하고 조건부로 돌아왔다면, 그것은 진정으로 내려놓은 것이 아니었을 것입니다.

아직도 자기 생각 안에 매여 있습니까? 다른 사람들의 평가를 의식합니까? 그렇다면 불신앙적 어리석음에서 벗어나지 못한 것입니다. 교회에는 시험에 들었다가 회복한 사람들이 다시 시험에 드는 경우가 왕왕 있습니다. 자기 소견에 옳은 대로 사는 방식을 버리지 못했기 때문입니다.

신앙은 정치나 사업이 아닙니다. 하나를 주고 하나를 받는 조건

부적 신앙으로는 온전히 하나님 앞에 바로 설 수 없습니다. 신앙은 나를 다 내려놓고, 온전히 비워 내야 비로소 새로운 시작을 할 수 있습니다. 여전히 육적인 생각에 매여 있는 사람은 돌아와도 아직 돌아온 것이 아닙니다.

우리는 모든 것을 다 버려야만 비로소 하나님만 의지하게 됩니다. '전능자가 나를 심히 괴롭게 하셨다'는 나오미의 고백은 '하나님이 나를 얼마나 힘들게 하셨는가' 하는 원망이 아닙니다. 비록 모든 것을 잃어버렸으나 다시 회복하게 하시는 전능자 하나님을 믿고 의지한다는 고백입니다.

전능자 하나님은 '무에서 유를 창조하시는 분'이요 '최악에서 최선을 이끌어 내시는 분'입니다. 나오미는 비록 최악의 상황이었지만 전능자 하나님 안에서 새로운 시작을 할 수 있다는 의지를 밝힐 수 있었습니다. 회복케 하시는 전능자를 절대 의지할 수 있었습니다.

욥기에는 이런 고백이 있습니다.

> 이르되 내가 모태에서 알몸으로 나왔사온즉 또한 알몸이 그리로 돌아가올지라 주신 이도 여호와시요 거두신 이도 여호와시오니 여호와의 이름이 찬송을 받으실지니이다 하고 이 모든 일에 욥이 범죄하지 아니하고 하나님을 향하여 원망하지 아니하니라(욥 1:21-22)

욥이 이렇게 고백할 수 있는 이유가 무엇이었습니까?

> 주께서는 못 하실 일이 없사오며 무슨 계획이든지 못 이루실 것
> 이 없는 줄 아오니(욥 42:2)

이 고백과 함께 욥은 회복의 축복을 누리게 되었습니다. 나오미
도 마찬가지입니다. 전능자 하나님을 인정하면서 나오미 가정의
회복이 시작되었습니다. 육적 고통을 통해서 영적 회복이 된 것입
니다.

마침내 나오미는 영적인 삶을 위해 베들레헴으로 돌아올 수 있
었습니다. 모두 잃고 전부 망가졌지만 육적 상실은 문제가 되지 않
았습니다. 영적 회복에 모든 초점을 맞추고 나오미는 다시 돌아왔
습니다.

계산과 조건 없이 돌아오라

나오미가 모압을 떠난 것은 모압에 양식이 없어서가 아니었습니
다. 모압은 여전히 풍요로웠습니다. 반면 돌아온 베들레헴은 모압
만큼 풍요롭지 않았습니다. 그럼에도 나오미가 모압을 떠나 베들
레헴으로 돌아와야 했던 이유는 '영적 갈급함' 때문이었습니다. 자
신이 먹고 사는 데 매여서는 안 되는 사람임을 깨달은 것입니다.

나오미가 '인간적 풍요란 별것 아니다', '하나님을 잃어버리고 얻은 풍요는 진정한 풍요가 아니다'라는 사실을 깨닫기까지 10년이 필요했습니다. 처음 모압으로 갈 때에는 먹고 사는 문제가 최고인 줄 알았습니다. 그러나 그것이 전부여서는 안 된다는 사실을 뒤늦게 알았습니다. 너무 많은 것을 잃어버린 뒤에야 깨달은 것입니다.

이스라엘 백성 역시 애굽의 풍요가 별것 아니라는 것을 깨닫는 데 40년이 걸렸습니다. 광야의 이스라엘 백성을 정말 힘들게 한 것은 내리쬐는 태양빛이나 갈증이 아니었습니다. 애굽에 대한 환상과 미련을 버리지 못했기 때문입니다. 그래서 그들은 광야에서 넘치도록 베푸신 하나님의 은혜를 보지 못했습니다. 도리어 애굽으로 되돌아가고 싶어 했습니다. 이스라엘 백성이 애굽을 나올 때는 하루 만에 나왔지만, 마음에서 애굽을 지우는 데는 40년이 걸렸습니다. 그만큼 세상에 대한 미련이 무섭습니다.

솔로몬은 세상 부요를 만끽하면서도 '헛되고 헛되고 헛되니 모든 것이 헛되다'는 명언을 남겼습니다. 그런데 사람들은 그 헛되고 헛된 것을 얻고 이루는 데 목숨을 겁니다. 따지고 보면 우리가 살아야 하는 이유도 다 헛된 것에 있습니다. 자신의 삶에서 영적인 것을 전혀 고려하지 않기 때문입니다.

그런데도 우리가 영적으로 선택하지 못하는 이유는 무엇입니까? 미래에 대한 보장이 없어 불안하기 때문입니다. 베들레헴에서 나오미를 기다린 것은 가난과 멸시, 천대, 외로움 말고는 아무것도 없었습니다. 베들레헴으로 돌아온다고 해도 먹고 살 것이 따로 마련되어 있는 것이 아니었습니다. 영적인 선택을 함에 있어 지불할 대가가 너무 많았습니다.

그런데도 나오미는 돌아옵니다. 그 어떤 계산이나 미래의 그림, 대책을 따로 준비해 놓았기 때문이 아닙니다. '베들레헴으로 가면 이 모든 괴로움이 끝날 거야! 그곳에서 부자가 되어서 더 잘살 거야'라고 생각한 것이 아닙니다. 다만 나오미에게는 '힘들어도 나는 말씀 안에서 은혜를 누리며 살아야 할 사람이구나' 하는 깨달음이 있었습니다.

'대책을 세운 후 믿겠다'는 믿음은 진정한 믿음이 아닙니다. 그런데도 많은 사람은 '대책을 세운 후 믿음으로 살겠다'고 말합니다. 그러나 그 믿음의 실체는 무엇입니까?

믿음은 오직 온전한 믿음 그 자체여야 합니다. 성도들이 자주 하는 말이 있습니다.

"생활이 안정되고 여유가 있을 때 헌신도 하겠다."

그러나 '오직 믿음'이면 됩니다. 나오미는 오직 믿음으로 말씀 안에서 살겠다 결단하고 돌아왔습니다. 베들레헴에 가서 이삭을 주워 먹고 살더라도 은혜 안에서 살겠다고 결단한 것입니다.

은혜의 땅을 떠났던 사람, 모든 것을 잃고 깨지고 넘어져 본 사람만이 깨달을 수 있는 영성이 있습니다. 나오미는 하나님의 울타리가 얼마나 소중한 것인지, 영적인 것이 얼마나 진정한 가치인지를 깨달았습니다.

> 주의 궁정에서의 한 날이 다른 곳에서의 천 날보다 나은즉 악인의 장막에 사는 것보다 내 하나님의 성전 문지기로 있는 것이 좋사오니(시 84:10)

나오미는 육적인 것에서 자유했기에 베들레헴으로 가자고 마음먹을 수 있었습니다. 이 선택은 어떤 보장이 있었기 때문이 아니라 오직 믿음이었습니다. 삶의 진짜 가치를 깨닫고 육에서 영으로 사고의 전환이 이루어지자 그녀의 선택도 분명해진 것입니다.

하나님이 시작을 준비하신다

더욱 놀라운 것은 믿음으로 돌아오는 나오미를 위해 하나님은 많은 것을 준비하고 계셨다는 것입니다. 모든 것을 내려놓고 오직 믿음으로 돌아오는 나오미에게 하나님은 여호와 이레의 하나님이셨습니다. 이삭을 주워 먹고 살 곳도, 보아스를 중심으로 역사하실 준비도 다 하고 계셨습니다. 오직 믿음으로 선택한 나오미를 위해 새로운 시작을 예비하셨습니다. 하나님은 최악에서 최선을 이끌어 내셨습니다.

이 새로운 시작은 나오미가 언약 안으로, 말씀 안으로 돌아오면서 시작되었습니다. 그러므로 우리는 하나님과의 관계를 재정립해야 합니다. 그러기 위해서는 스스로에게 '나는 누구인가? 나는 누구여야 하는가? 나는 무엇으로 사는 사람이어야 하는가?' 질문해 봐야 합니다.

그리고 다시 결단하고 일어나야 합니다. 하나님께 돌아오겠다는 결단이 필요합니다. 모든 것이 풍요로운 것 같지만 저주받은 땅 모압에서 베들레헴으로 돌아오겠다고 선택한 나오미처럼 영적 선택을 해야 합니다.

> 너희는 먼저 그의 나라와 그의 의를 구하라 그리하면 이 모든 것
> 을 너희에게 더하시리라 (마 6:33)

하나님은 무덤에서도 새로운 시작을 만들어 내시는 분입니다. 남편과 두 아들이 죽어 버린 나오미의 가정은 더 이상 소망이 없는 무덤 같은 곳이었습니다. 그 가정에 심긴 하나님의 섭리마저 소멸되어 버린 것 같았습니다. 그런데 그 무덤 같은 현실에서 하나님은 섭리를 이루어 내셨으니, 룻기를 구약의 복음서라 하는 이유입니다.

우리 삶에 담긴 하나님의 섭리를 믿고 찬송합시다. 절망의 환경이라는 무덤에서도 하나님의 섭리를 가슴에 품고 인내합시다. 나

는 대강 살아서는 안 되는 사람입니다. 나는 주님 안에서 살아야 하는 이유가 너무나 분명한 사람입니다. 내 안에 '하나님이 원하시는 나, 하나님만이 아시는 나'가 있기 때문입니다.

대충 살면 안 되는 이유
(1장 6-22절)

"하나님이 내 삶에 투자하십니다"

나오미는 베들레헴으로 오면서 며느리 룻의 손을 잡고 돌아왔습니다. 룻이 누구입니까? 다윗의 고조할머니입니다. 여기에서부터 예수 그리스도의 계보가 시작됩니다. 하나님은 이방 여인 룻에게 이런 엄청난 구원 역사를 준비시키셨습니다. 저주 받은 모압에 속하여 있던 여인이 구원의 백성이 된 것입니다.

이 여인, 룻을 통해 인류 구원을 향한 하나님의 투자가 얼마나 위대한가를 보게 됩니다. 룻의 구원은 온 인류의 구원이었습니다. 그 복음에 대한 투자는 곧 나를 구원하신 하나님의 은혜입니다.

10년간의 준비, 그리고

룻은 자신이 태어나 자란 땅 모압이 하나님께 버림받은 곳이라는 사실을 몰랐습니다. 또 우상숭배가 얼마나 어리석은 일인지 모른 채 우상을 섬기며 살아가고 있었습니다. 자신이 죄와 사망에 매여 죽어 있는 줄도 모르고 살아온 것입니다.

어느 날 룻의 마을에 한 가정이 이사를 왔습니다. 멀리 유대 베들레헴에서 흉년을 피해 온 가정입니다. 그들은 엘리멜렉과 아내 나오미 그리고 두 아들 말론과 기론이었습니다. 룻이 그들의 사는 모습을 보아하니 여러 가지로 자신들과 많이 달랐습니다. 특별히 종교가 그랬습니다. 모압은 다종교 국가로 많은 신을 섬기는데, 그들은 유일신 여호와 하나님만 섬겼습니다.

룻은 그저 먹고 싶으면 먹고 즐기고 싶으면 즐기는 것이 인생인 줄 알았는데, 그들은 먹는 것도 많이 구별하고, 삶의 방식도 많이 달랐습니다. 살아야 하는 이유도, 울어야 하는 이유도, 아파야 하는 이유도 달라 보였습니다.

그런데 어찌된 영문인지 그 집의 가장 엘리멜렉이 죽었습니다. 장례를 치르는 모습도 많이 달랐습니다. 적어도 룻이 생각하기에 죽음은 참으로 슬픈 일인데, 그들은 죽음 후에 또 하나의 세계가 있다고 했습니다. 룻은 보이는 세상이 전부인 줄 알았는데, 보이지 않는 세계, 천국이 있다는 것입니다. 그런 가정의 모습에 룻은 호기심을 가졌는지도 모릅니다.

그 호기심이 인연이 되었던 것인지, 룻은 그 집 맏아들 말론의 아내가 되었습니다. 그때 오르바도 남편의 동생 기룐과 결혼을 해서 둘은 동서지간이 되었습니다. 그런데 시집을 와서 행복을 채 누리기도 전에 말론과 기룐이 죽었습니다. 결국 이 집에는 나오미를 비롯해 홀로 된 세 여인만 남게 되었습니다. 이해할 수 없는 아픔이었고 눈물이었습니다.

집안에는 세 과부의 한숨 소리만 들렸습니다. 그러던 어느 날 시어머니 나오미가 두 며느리를 앉혀 놓고 중대한 발표를 합니다. 고국으로 돌아가겠다는 것입니다. 모압을 떠나 하나님의 울타리, 언약의 땅, 베들레헴으로 가야겠다는 것입니다.

나오미가 이 모두를 깨닫기까지 10년이 걸렸다고 했습니다. 그렇다면 이 10년은 그저 나오미라는 한 여인만의 구원을 위한 시간이었을까요? 단순히 나오미가 자신의 불신앙을 깨닫고 돌아오게 하는 것만이 목적이었다면 하나님은 더 일찍 그 일을 하셨을 것입니다. 그러나 하나님은 나오미의 아픔을 통해 룻이라는 한 여인에게 주목하셨습니다.

그 10년은 룻이 하나님의 울타리 안으로 들어와 "어머니의 하나님이 나의 하나님입니다" 하고 고백하게 하는 시간이었습니다. 이제 이야기의 무게중심은 자연스럽게 나오미로부터 룻에게로 흐릅니다. 한 가정의 불신앙과 아픔을 통해 하나님의 놀라운 구원 역사가 펼쳐지기 시작한 것입니다.

룻, 위대한 고백을 하다

> 나오미가 두 며느리에게 이르되 너희는 각기 너희 어머니의 집으로 돌아가라 너희가 죽은 자들과 나를 선대한 것같이 여호와께서 너희를 선대하시기를 원하며 (룻 1:7-8)

베들레헴을 향해 가다 문득 나오미는 두 며느리에게 "너희는 갈 길로 가라"고 합니다. 그 말에 아랫동서 오르바는 대뜸 시어머니에게 입을 맞추고는 길을 떠났습니다. 성경은 그 모습을 두고 "그의 백성과 그의 신들에게로"(룻 1:15) 돌아갔다고 기록합니다. 구원의 기회 앞에서 저주의 모압으로 돌아간 것입니다. 영적 선택이 아니라 육적인 선택, 영혼과 영원을 포기한 선택입니다.

더욱 안타까운 것은 '출발은 함께'였다는 것입니다. 룻과 오르바의 출발은 같았습니다. 그러나 룻은 달랐습니다.

> 룻이 이르되 내게 어머니를 떠나며 어머니를 따르지 말고 돌아가라 강권하지 마옵소서 어머니께서 가시는 곳에 나도 가고 어머니께서 머무시는 곳에서 나도 머물겠나이다 어머니의 백성이 나의 백성이 되고 어머니의 하나님이 나의 하나님이 되시리니 어머니께서 죽으시는 곳에서 나도 죽어 거기 묻힐 것이라 만일 내가 죽는 일 외에 어머니를 떠나면 여호와께서 내게 벌을 내리시고 더 내리시기를 원하나이다 하는지라(룻 1:16-17)

룻은 소리를 높여 울며 "나는 어머니와 함께 가겠다"고 합니다. 이 고백은 엄청난 역사의 순간입니다.

믿음을 입으로 고백할 수 있다는 것, 이것은 참으로 큰 은혜요 축복입니다. 그러나 종종 사람들은 '마음으로 믿으면 되지'라고 생각합니다. 나는 가끔 성도님들을 만나면 "배우자에게 사랑을 고백해 봤습니까?" 하고 물어봅니다. 그러면 어떤 성도님은 "그런 건 안 해도 됩니다" 합니다. 그러나 무엇인가를 고백한다는 것에는 큰 의미가 있습니다.

하물며 하나님에 대한 고백은 어떻겠습니까? 베드로는 예수님을 향해 "주는 그리스도시요 살아계신 하나님의 아들이십니다"라고 고백합니다. 이 고백에 주님이 뭐라고 하셨습니까?

> 예수께서 대답하여 이르시되 바요나 시몬아 네가 복이 있도다 이를 네게 알게 한 이는 혈육이 아니요 하늘에 계신 내 아버지시니라(마 16:17)

내가 믿는 예수님에 대한 분명한 고백이 있습니까? 혹시 '그런 것 안 해도 하나님만 믿으면 되지' 하고 생각합니까? 그것은 사탄의 계략입니다. 사탄은 고백하지 못하게 하고, 자신의 생각에 매이게 합니다. 내 안에서 복음이 확실하게 정리되지 않았다며 그 고백을 미루게 합니다.

그러나 베드로나 룻도 무엇인가를 확실히 알고 고백한 것이 아니었습니다. 자신들도 그것이 어떤 의미인지 모르고 성령의 감동에 따라 순종하여 입으로 시인한 것입니다. 그 고백의 효력은 영원했습니다.

로마서에는 이런 기록이 있습니다.

> 네가 만일 네 입으로 예수를 주로 시인하며 또 하나님께서 그를

죽은 자 가운데서 살리신 것을 네 마음에 믿으면 구원을 받으리라 사람이 마음으로 믿어 의에 이르고 입으로 시인하여 구원에 이르느니라(롬 10:9-10)

룻은 입으로 시인하고 삶으로 결단하여 베들레헴으로 돌아왔습니다. 룻의 고백은 분명했습니다.

"어머니께서 가시는 곳에 나도 가겠습니다. 어머니께서 머무시는 곳에 나도 머물겠습니다. 어머니의 백성이 나의 백성이 될 것입니다. 어머니의 하나님이 나의 하나님이 되실 것입니다. 어머니 죽으시는 곳에서 나도 죽어 거기 장사될 것입니다!"

룻은 이러한 고백을 하며 저주의 땅 모압에서 빠져나와 하나님의 울타리 안으로 들어가고 있습니다. 룻은 더는 저주에 속한 사람이 아니었습니다. 그녀는 믿음으로 고백하며 애굽을 나와 홍해를 건너며, 세례를 받아 구원의 세계로 들어갈 수 있었습니다. 아브람이 갈대아 우르를 떠날 때 축복 받았듯이 룻도 떠남의 축복을 누리고 있는 것입니다.

대단한 사람인가, 대단한 하나님인가?

혹시 룻기를 보면서 '아, 룻이라는 여인은 참 대단하다. 나라면 오르바처럼 그냥 고향으로 돌아갔을 텐데' 하고 성경을 덮어 버리지는 않습니까? 그러나 우리는 성경을 볼 때 등장인물의 행위 중심으로만 보면 안 됩니다. 그러면 하나님의 위대한 구원 섭리, 더 큰 은혜를 놓칠 수 있습니다.

아브라함이 믿음의 조상이 될 수 있었던 것은 그가 대단해서가 아니라 '하나님의 은혜'로 인한 것입니다. 다윗도 마찬가지입니다. 그가 골리앗을 이긴 것은 사람의 능력이 아니라 하나님의 은혜였습니다. '다윗이 골리앗을 이겼으니 우리도 이길 수 있다!'에서만 묵상이 끝나면 이것은 행위에 초점을 두는 것입니다. 그 가운데 들어 있는 '하나님의 은혜'를 보아야 합니다.

어떤 사람들은 내게 그럽니다.

"목사님, 27년 동안 이렇게 목회하다니 정말 대단합니다."

과연 그럴까요? 나는 내가 제일 잘 압니다. 나는 그리 대단한 사람이 아닙니다.

민속촌에서 줄꾼들이 줄타기하는 모습을 본 적이 있습니다. 그들은 부채 하나 들고 높은 데 매달린 줄을 출렁출렁 하며 건넜습니다. 사람들은 줄꾼이 위태롭게 묘기를 하면서도 떨어지지 않는 모습을 보며 대단하다고 합니다. 그러다가 아래에서 소리꾼이 줄꾼에게 '어떻게 여기까지 왔느냐' 하고 묻습니다. 그러면 줄꾼이 그럽니다.

"안 떨어졌으니 왔지!"

사람이 대단한 것입니까? 아닙니다. 성공을 이룬 사람이 대단해 보이는 것이지, 대단한 사람은 없습니다.

지난날을 돌이켜보십시오. 내 재주가 좋아 지금의 자리에 올랐습니까? 내가 남들보다 몸 관리를 잘해서 건강합니까? 남보다 조심히 운전해서 사고가 나지 않았습니까? 남보다 조심히 걷기에 자전거와 부딪히지 않았습니까?

우리는 룻기에서 하나님의 은혜를 볼 수 있어야 합니다. 베들레헴으로 돌아오는 나오미의 행위가 아니라 돌아오게 하시는 하나님의 은혜를 봐야 합니다. 룻을 구원의 울타리에 들어오게 하시기 위한 하나님의 수고와 은혜를 보십시오. 하나님은 룻을 만나시기 위해 나오미의 가정을 모압으로 가게 하셨습니다. 이것이 하나님의 구원 역사를 위한 섭리였습니다. 그저 나오미 가정의 신앙적 행위에 초점을 맞추면 하나님이 정말 말씀하고자 하시는 구원 섭리를 놓쳐 버립니다.

나 하나를 위해 투자하셨다

룻이라고 베들레헴에서의 삶에 보장이 있었겠습니까? 룻도 나오미와 마찬가지였습니다. 육의 눈으로는 베들레헴보다 모압이 더 풍요로웠습니다. 모압에 눌러 사는 것이 훨씬 유익했을 것입니다. 그러나 룻은 베들레헴을 선택합니다. 룻에게는 그저 어머니의 하나님을 믿고 베들레헴으로 가겠다는 막연한 신앙 고백만이 있었습니다.

우리의 인생 여정도 마찬가지입니다. 돌이켜 보면 육적 선택을 할 기회가 얼마나 많았습니까? 그럼에도 오늘 우리는 오직 은혜로 영적 선택을 했기에 이 자리에 하나님과 함께 있는 것입니다. 육적으로 보장되는 것이 없다 해도 나의 하나님을 바라며 영적 선택을 한 것입니다. 그런 선택을 통해 룻은 하나님의 작정, 하나님의 엄청난 구원 섭리 안으로 들어오고 있습니다.

참 믿음은 미래를 알고 가는 것이 아니라 미래를 믿고 가는 것입니다. 이렇게 모압을 떠나 베들레헴으로 가는 과정 가운데 주변 사람들의 반대가 없었겠습니까? 내면의 갈등은 없었겠습니까? 평생동안 살아왔던 모압인데 내려놓아야 할 것들이 얼마나 많았겠습니까? 그럼에도 베들레헴으로 가는 룻의 선택은 하나님의 은혜였습니다.

> 그들이 소리를 높여 다시 울더니 오르바는 그의 시어머니에게 입
> 맞추되 룻은 그를 붙좇았더라(룻 1:14)

룻이 나오미를 '붙좇았다'고 합니다. 온 영혼과 마음과 힘과 뜻을 다해 뒤를 좇았다는 것입니다. 이때에 이미 하나님은 룻 하나만이 아니라 그 뒤의 구원 역사, 즉 다윗과 예수 그리스도의 계보까지 섭리하셨습니다.

100년도 살지 못하는 인생들이 하나님을 감히 판단할 수 없는 이유가 여기에 있습니다. 룻에게 베푸신 은혜를 지금 우리도 누리고 있습니다. 그 은혜가 보입니까?

내가 지금 여기 서 있는 것이 저절로 된 것입니까? 내가 '나의 나 된 것은 하나님의 은혜로다' 고백하며 예배드리고 기도할 수 있는 것이 그저 우연입니까? 오늘의 나 하나가 있기까지 얼마나 많은 영적 싸움들이 있었는 줄 아십니까? 하나님은 오늘 나 하나를 건지기 위해, 나 하나 하나님의 사람으로 세우기 위해 수많은 프로그램을 조성하셨고 엄청난 투자를 하셨습니다. 그 일을 위해 그리스도를 희생시키시듯 누군가를 희생시키고, 아픔을 허락하신 것입니다. 그때는 그게 처절한 아픔이었는지 모르지만, 지금 그 일들을 추억하며 하나님을 찬양할 수 있지 않습니까?

야곱이 이스라엘이 되면서 이렇게 고백합니다.

> 형님의 얼굴을 뵈온즉 하나님의 얼굴을 본 것 같사오며 형님도 나를 기뻐하심이니이다(창 33:10)

'형님의 얼굴에서 하나님의 얼굴을 보았다'는 말은 에서의 얼굴이 하나님의 얼굴을 닮았다는 말이 아닙니다. 이제야 비로소 자신을 이스라엘로 만드시기 위해 에서가 악역을 감당하게 한 하나님의 뜻을 알았다는 말입니다. 모든 문제의 원인이 에서인 줄 알았는데, 이제는 그의 얼굴에서 하나님의 섭리, 하나님의 은혜를 보았다는 말입니다. 깨닫고 보니 '에서 때문에'가 '에서 덕분에'로 바뀐 것입니다.

실패도 성공도 나를 힘들게 하는 것도 모두가 나를 위한 프로그램이라고 생각해 보십시오. 좋은 것뿐만 아니라 안 좋은 것도 나하나 건지고 만들어 가시기 위해 일어난 일이라고 믿는 것입니다.

나는 어릴 적 부모 없이 온갖 어려움을 겪으면서 인생을 배웠습니다. 그리고 생각지 못하게 어느 날 목사가 되었습니다. 그러면서 문득 깨달은 것이 있었습니다. 나는 하나님이 우리 부모님을 빼앗아 간 줄 알았습니다. 그런데 어느 순간에 지금의 나 '유재명'을 만들기 위해 부모님을 희생시키신 것이 아닐까 하는 생각이 들었습니다.

오래 전에 안양 갈멜산 기도원에서 집회를 인도한 적이 있습니다. 많은 분들이 기도원에 오셨는데 하나님이 얼마나 큰 은혜를 베푸셨는지 기억에 남을 정도였습니다. 나는 그 자리에서 나의 어릴 적 이야기와 아픔을 잠깐 나누었습니다.

예배를 마치고 예배당에서 걸어 나오는데 한 노인이 나를 불렀습니다.

"목사님, 저 좀 봅시다."

그분은 내게 이런 말을 해주었습니다.

"오늘 말씀을 듣고 보니 하나님이 목사님에게 많은 투자를 하셨네요. 목사님 대충 사시면 안 됩니다. 쓰러지면 안 됩니다."

지금은 그분의 얼굴이 잘 기억나지 않습니다. 그러나 목소리는 또렷이 기억이 납니다. 그날의 깨달음은 내 인생에 가장 값진 보물이었습니다.

내가 내 인생의 아픔, 교회의 아픔을 이야기하면 사람들은 은혜를 받습니다. '아, 저 목사는 얼마나 힘든 삶을 살았을까?' 하며 함께 공감해 주고 위로해 줍니다. 그러나 그 노인은 내 이야기를 듣고 인간 유재명의 삶이 아닌 하나님의 섭리에 집중했습니다. 하나님의 투자를 본 것입니다.

지나온 과거의 사건들 가운데 나를 위한 섭리와 은혜를 볼 수 있어야 합니다. 우연히 만난 사람, 우연히 일어난 사건은 없습니다. 그러므로 내 삶에서 사람을 거부하고, 환경을 거부하는 것은 정말 어리석습니다.

하나님은 때로 내 마음에 들지 않는 사람을 붙이시고, 내 마음에 들지 않는 환경을 조성하십니다. 고난과 주변의 희생을 통해 우리에게 투자를 하시는 것입니다. 실수가 없으신 우리 하나님의 은혜를 믿습니까?

삶의 마디마디에 하나님의 섭리가 있다

요셉에게 감옥은 꼭 필요한 곳이었습니다. 다윗에게 사울은 절대 필요한 사람이었습니다. 욥에게도 시련은 꼭 필요했습니다. 이처럼 성공도, 실패도 하나님의 구원 섭리 안에서 바라보는 영성이 있어야 합니다. 이 모든 것을 깨닫고 신앙적 결단을 하면서 하나님의 섭리 안으로 들어가는 것입니다.

아내가 결핵 판정을 받은 후, 어느 날 내가 세수를 하고 있는데 거실에서 전화벨이 울렸습니다. 그런데 아내가 그걸 받지 못하는 겁니다. 그 정도로 아내는 기력이 없어 송장처럼 누워만 있었습니다. 아내 역할도, 엄마 역할도 할 수가 없었습니다. 세수를 하다 말고 나와서 전화를 받으려는데, 갑자기 속이 너무 상했습니다. 전화를 받는다는 게 나도 모르게 전화기를 들어 벽에 던져 버렸습니다.

도대체 내 아내가 왜 아픈 걸까 원망이 들기 시작했습니다. 어느 사이엔가 미운 마음도 싹텄습니다. 아내가 너무 미웠습니다. 긴 병에 효자 효부 없다고, 빨리 이런 시간이 끝났으면 좋겠다는 생각까지 들었습니다. 목사인 내가 말입니다.

견디다 못해 3주 동안 금식 기도 하자 생각하고 기도원에 들어갔습니다. 그러나 기도는커녕 2주를 굶기만 했습니다. 원망과 미움이 가득한데 무슨 기도가 됐겠습니까? 그러다가 어느 설교 테이프를 틀어 놓고 듣고 있는데 갑자기 설움에 북받쳐서 울음이 나왔습니다. 설교 내용에 은혜 받은 것이 아니라 그저 내 신세가 처량해서 울었습니다. 그렇게 울며불며 기도하는데, 순간 하나님이 내 마음을 깊이 만지기 시작하셨습니다.

그때 마음에 이런 음성이 울렸습니다.

"네 아내가 왜 아픈 줄 아니? 너 대신 아픈 거다. 너를 위해서 아내가 희생하는 거다. 그런데도 아내가 미우냐?"

순간 내 안에 자아가 와르르 무너졌습니다. 집에 돌아와서 아내를 안고 얼마나 울었는지 모릅니다.

내 주변에 아픔이, 내 주변의 실패가 그냥 있는 것 같습니까? '하나님, 내 가족을 왜 빼앗아 갔어요? 돈을 왜 빼앗아 갔어요? 건강을 왜 빼앗아갔어요?' 하는 마음에 원망이 듭니까? 하지만 그 모든 일에는 하나님의 섭리가 있습니다. 실수가 없으신 하나님, 그 은혜의 하나님을 만나야 합니다.

요셉은 형들 때문에 죽음의 고비를 넘기고 애굽에서 종살이 10년, 감옥 생활 3년을 보냈습니다. 그러나 요셉의 삶 마디마디에는 하나님의 엄청난 구원 섭리가 담겨 있었습니다. 나중에 이 모든 것을 알게 된 요셉은 뭐라고 고백합니까?

> 당신들이 나를 이곳에 팔았다고 해서 근심하지 마소서 한탄하지 마소서 하나님이 생명을 구원하시려고 나를 당신들보다 먼저 보내셨나이다(창 45:5)

요셉이 모든 일의 결과를 미리 알았기 때문에 고난을 버틸 수 있었던 것이 아닙니다. 그도 고난을 통과한 지금에야 하나님의 섭리가 무엇인지 알았습니다. 그라고 두렵지 않았겠습니까? 10년간 종살이를 하고 3년간 억울한 감옥 생활을 하면서 얼마나 막막했겠습니까?

그러나 요셉에게는 믿음이 있었습니다. 확실히 무엇인지는 몰라도 하나님의 섭리가 자신의 고난 속에 있을 것이라는 믿음이 있었습니다. 이해할 수 없는 삶의 모든 환경 때문에 상처받고 원망하고 절망한 것이 아니라 말없이 인내하며 하나님의 섭리만 믿은 것입니다. 그 믿음이 요셉을 어떤 환경에서도 원망하지 않는 사람으로, 상처받지 않는 사람으로, 절망하지 않는 사람으로, 말없이 인내하는 사람으로 만들어 갔습니다.

결국 요셉은 사람의 이야기가 아니라 하나님의 이야기를 하는 축복을 누리게 되었습니다. 그는 노예로 10년을 살았지만 노예가 아니라 주인처럼 살았습니다. 감옥에서 억울하게 3년을 갇혀 있었지만 원망하지 않았기에 죄수임에도 간수처럼 살았습니다.

우리는 늘 내 중심에서 이야기합니다. '뺏겼다', '잃어버렸다', '저 사람 때문에 내가 힘들다'라고 원망합니다. 심지어 교회에 와서도 그렇습니다. 그런데 하나님은 그 주변의 모든 삶의 환경들 속에서 그렇게 나 하나를 원하십니다. 나를 포기하지 않으십니다. 나를 놓아 버리지 않으십니다. 우리가 주님을 수없이 놓으려 할 때, 주님은 더 강하게 우리를 붙드십니다.

하나님은 모든 것을 내려놓고 돌아오는 나오미의 새로운 시작을 준비하고 계셨습니다. 나오미가 있어야 할 곳은 말씀의 집, 베들레헴이었습니다. 아무리 어렵고 힘들어도 내가 있어야 할 곳이 있습니다. 나오미의 하나님, 우리가 믿는 하나님은 여호와 이레, 그 다음을 준비하시는 하나님입니다.

오늘도 내 삶을 주관하시는 하나님의 섭리를 믿으십시오. 망해도, 흥해도 내 삶에 담긴 하나님의 섭리를 믿고 삶을 선택하십시오. 그러면 범사에 합력하여 선을 이루시는 위대한 하나님의 섭리가 우리의 삶에 펼쳐질 것입니다. 우선 입으로 고백하고 다음에 결단해 봅시다.

우리를 택하여 부르시고 섭리하시는 하나님을 믿습니까? 내가 지금 하나님의 역사의 현장 안에 있다는 사실을 믿습니까? 절망하지 말고, 포기하지 마십시오. 나를 향한 하나님의 마음을 믿으십시오. 대강 살아도 된다고 생각합니까? 남보기에 그저 그런 사람이니 그저 그렇게 살아도 된다고 생각합니까? 그러나 하나님은 나를 존귀한 자라 말하시며 투자하십니다. 세상이 보기에는 부족하여도 하나님 앞에서 나의 가치를 믿으십시오. 룻이 입은 은혜는 앞으로 내가 입어야 할 은혜입니다.

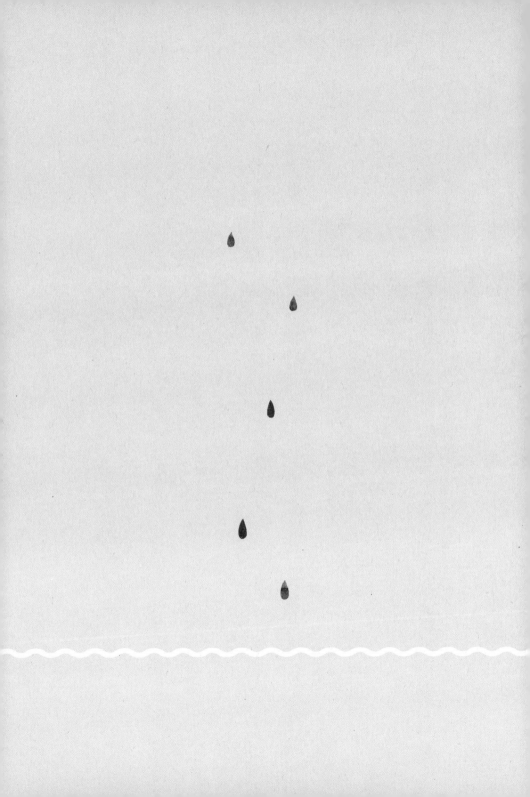

PART 2

인생의 밑바닥,
이삭 줍는 자리로
나가다

섭리적 우연으로 인도하시는 하나님
(2장 1-7절)

"이삭 줍는 자리에 하나님이 계십니다"

나오미와 함께 베들레헴으로 돌아온 룻에게 새로운 삶이 시작되었습니다. 약속의 땅에서 풍요를 누리는 것이 아니라 처절하게 가난한 고난의 삶이 시작이 된 것입니다.

그러나 하나님은 그런 룻을 위해 놀라운 준비를 하고 계셨습니다. '보아스'라는 한 유력한 사람을 준비해 두신 것입니다. 그는 나오미의 남편 엘리멜렉의 친족 중 한 사람으로 큰 부자였고, 신앙과 인격을 겸비한 사람이었습니다. 이 보아스가 나중에 약속의 땅으로 돌아온 룻의 남편이 됩니다.

그래서 우리는 룻의 시련을 보면서 하나님의 은혜를 발견합니다. 이삭을 주워야 하는 처절한 삶이었지만 그것이 축복이었음을 깨닫게 됩니다.

하찮아 보이는 일도 최선으로

룻은 베들레헴 곧 약속의 울타리 안에 들어와 이삭 줍는 여인이 되었습니다. 당장 오늘 먹을 것을 구할 곳이라고는 이삭 줍는 현장뿐이었습니다. 어디로 가서 어떻게 이삭을 주워야 할지 몰랐지만 그렇다고 신세 한탄만 하면서 주저앉아 있을 수 없었습니다. 다만 의지할 것은 율법의 말씀이었습니다.

율법에서는 농부들이 수확할 때 이삭까지 싹 거두지 못하게 했습니다. 농사지을 땅이 없는 가난한 사람들이 이삭이라도 주워 끼니를 이을 수 있도록 배려한 것입니다. 아무리 내 소유의 밭이라도 거기서 이삭을 줍는 사람을 막지 못했습니다.

> 너희가 너희의 땅에서 곡식을 거둘 때에 너는 밭 모퉁이까지 다 거두지 말고 네 떨어진 이삭도 줍지 말며 네 포도원의 열매를 다 따지 말며 네 포도원에 떨어진 열매도 줍지 말고 가난한 사람 과 거류민을 위하여 버려두라 나는 너희의 하나님 여호와이니라
>
> (레 19:9-10)

그래서 룻도 이삭줍기에 나설 수 있었습니다. 한 톨 한 톨, 이른 아침부터 저녁 늦은 시간까지 열심히 주웠습니다.

이삭 줍는 일은 사실 아주 하찮은 일입니다. 요즘으로 하면 아르바이트만도 못합니다. 농사해서 수확을 얻는 것이 아니라, 수확 후에 여기저기 흘린 이삭을 줍는 것이기에 노력에 비해 얻는 것이 너무나 하찮았습니다. 그럼에도 룻은 이른 아침부터 저녁 늦은 시간까지 열심히 이삭을 주웠습니다.

혹시 이삭을 줍는 룻의 모습이 낭만적으로 보입니까? 어쩌다 한 번 너른 들에 나가 쑥이며 미나리를 뜯다 재미삼아 떡도 빚어 먹고 국도 끓여 먹는 것은 낭만적일지 모르겠습니다. 그러나 룻에게 이삭 줍는 현장은 먹고 사는 문제였고 처절한 삶의 현장이었습니다. 베들레헴이라는 은혜 안으로 들어왔지만 이삭을 줍지 않으면

당장 먹을 양식이 없었기 때문입니다.

신앙고백과 믿음의 결단을 위해 룻이 지불해야 할 대가가 너무 컸습니다. 먼저는 육신적 외로움을 감수해야 했습니다. 타국에서 이방인으로서의 삶이 쉬웠겠습니까? 게다가 룻은 늙고 홀로된 시어머니를 모시고 가난까지 짊어져야 했습니다. 다른 여인 같으면 도망을 가도 열 번은 더 갔을 것입니다. 바보 중에도 이런 바보가 없습니다.

그런데도 룻은 '내 신세가 왜 이래' 하고 누구를 원망하거나 신세를 한탄하지 않았습니다. 오히려 그녀는 행복해 보였습니다. 룻은 누구보다 열심히 일해서 농사하여 수확한 사람보다 더 많은 이삭을 주웠고, '하나님의 은혜가 있으니 어떻게든 되겠지' 하고 게으르지 않았습니다.

많은 사람들이 이삭 줍는 삶의 현장을 우습게 압니다. 그래서 하나님이 주시는 은혜를 은혜로 받지 못합니다. 어떤 사람들은 자기가 받을 축복은 더 큰 것, 더 대단한 것에 있다고 생각하면서 오늘 나에게 주어진 하루하루의 삶을 스스로 가볍게 여깁니다.

그러나 하나님이 당신의 섭리를 이루시기 위하여 나를 이삭 줍는 현장으로 인도하셨다는 것을 믿는다면 그 삶의 현장을 비하하면 안 됩니다. 하나님은 이삭 줍는 현장에서 은혜를 베푸십니다. 오늘 이삭 줍는 삶을 우습게 알면 하나님의 은혜를 누릴 수 없습니다. 내게 주신 작은 일도 귀히 여기고 축복으로 여기는 지혜가 있어야 합니다. 하나님은 작은 일에 충성하는 자를 귀하게 여기십니다. 사는 것이 어려울 때일수록 겸손하게 이삭 줍는 마음으로 돌아가야 합니다. 이삭 줍는 밭으로 가서 겸손한 삶을 살아야 합니다.

우연도 섭리다

놀랍게도 룻이 이삭 줍는 현장에 하나님의 은혜가 있었습니다. 우리는 룻기서의 결론을 알지 않습니까? 그 현장에서 룻은 밭주인 보아스를 만나 결혼합니다. 이삭 줍던 여인이 밭주인이 된 것입니다. 자격 없는 여인 룻에게 어떻게 이런 일이 일어날 수 있습니까? 만약 룻이 보아스의 밭이 아니라 옆집 밭으로 갔으면 어쩔 뻔 했습니까?

여기에 대해 성경은 이렇게 기록합니다.

> 룻이 가서 베는 자를 따라 밭에서 이삭을 줍는데 우연히 엘리멜렉의 친족 보아스에게 속한 밭에 이르렀더라 (룻 2:3)

룻이 보아스를 만날 수 있었던 비결은 '우연히'였습니다. 사람들 생각에 우연이라는 말은 어쩌다보니 우발적으로, 운이 좋아서 그렇게 된 것이라 생각합니다. 그래서 좋지 않은 일이 생기면 '나는 운이 없다'고 말합니다. 그러나 성경에서 말하는 우연은 '하나님의 섭리'입니다.

하나님의 일에 우발적으로 일어나는 일은 없습니다. 하나님은 즉흥적으로 기분에 따라 일하시는 분이 아닙니다. 하나님은 창세 전부터 계획하시고 언약하신 시나리오를 가지고 일하십니다.

그래서 하나님을 정말 믿는 사람들은 우연으로 보이는 모든 일 속에서 하나님의 섭리, 필연을 봅니다. 룻과 보아스도 그랬습니다. 이 둘의 만남은 눈에 보이는 것만 보는 사람 입장에서는 우연이었을지 모릅니다. 그러나 룻이 보아스의 밭에 이르게 된 것은 우연이 아니라 필연이었습니다. 룻이 걷고 룻이 가는 것 같았지만 그 걸음을 인도하신 분은 하나님이셨기 때문입니다.

지금 당장만 본다면 이삭 줍는 자리에 무슨 소망이 있었겠습니까? 그러나 그것은 룻의 운명을 전환시키기 위한 하나님의 섭리였습니다. 하나님은 그 섭리를 이루시기 위해 룻을 이삭 줍는 절망의 현장, 실패의 현장으로 인도하신 것입니다.

하나님은 때로 우리를 이해할 수 없는 이삭 줍는 삶의 현장으로 인도하십니다. 요셉을 애굽의 노예 생활 한복판에, 모세를 미디안 광야에 던져 놓으십니다. 다윗을 사울이라는 삶의 현장에 던져 놓으십니다.

그러나 지나고 보면 이 모든 실패의 현장도 하나님의 섭리라는 것을 깨닫습니다. 룻은 하루하루 살기 위하여 우연히 어느 밭에 이른 것 같지만, 하나님은 이 일을 통해 '섭리적 우연'으로 인도하셨습니다. '섭리적 우연'이란 말은 하나님을 만나고 보니 지나온 삶 모두가 우연이 아니었음을 분명히 알게 되는 것입니다. 내가 하나님을 모를 때에도 하나님은 나를 아시고 섭리하신 것입니다.

기적과 축복은 이삭 줍는 영성에서 시작한다

그런데 이렇게 하나님의 섭리 가운데 있어야 할 사람들에게 사탄이 다가와 훼방합니다. 사탄의 작전은 무엇일까요?

사람의 마음을 높여 버리는 것입니다. '너는 대단한 사람이야', '너는 잘 살아야 하는 사람이야' 하는 생각들을 심으면서 이삭 줍는 생활을 부정적으로 여기게 만듭니다. 또한 내 직업과 가정과 배우자를 우습게 알고 가볍게 여기게 합니다.

배우자가 부족해 보입니까? 그러나 부족한 것은 문제가 되지 않습니다. 사람은 누구나 부족합니다. 부족한 사람들끼리 만나 서로의 모자람을 채우며 사는 것이 결혼 생활입니다. 우리의 환경도 마찬가지입니다. 부족하지 않은 사람이 어디 있습니까? 누구나 부족하지만 그 가운데에서 만족을 찾으며 살아가는 것입니다.

그런데 부족을 탓하기 시작하면 문제가 됩니다. 그리고 그 문제만 바라보면서 '나는 왜 이 모양일까?', '지지리 운도 없구나', '이렇게 살아서 무엇하는가?' 하며 삶을 우습게 여기도록 만듭니다. 결국 스스로 무너지고 절망하며 삶을 포기하게 합니다.

그렇게 사탄은 우리를 하나님이 섭리하신 이삭 줍는 자리에서 벗어나게 합니다. 그리고 한순간의 대박에 마음을 빼앗기도록 유혹합니다. 대기업, 많은 연봉, 큰 사업으로 대박을 꿈꾸게 합니다. 그저 이삭 줍는 자리에서 성실하게 한 이삭 한 이삭 주으며 하나님의 나중 섭리를 만나야 하는데, 그걸 기다리지 못하고 떠나갑니다.

열심히 직장 생활하는 사람에게 누군가 와서 말합니다.

"그렇게 벌어서 언제 내 집 장만하고 애들 시집 장가보내? 그렇게 한 달에 월급 받아 적금 부으며 언제 목돈을 만져보겠어?"

그러면서 도박, 다단계, 요행의 자리로 우리를 유혹합니다.

그러나 노력하지 않고 얻어지는 것은 없습니다. 신앙생활도, 삶도 한 걸음 한 걸음 이삭 줍듯 해야 합니다. 그래야 열매를 맺을 수 있습니다. 은혜도 대박을 꿈꾸면 안 됩니다. 어떤 사람은 어디 가서 단번에 확 변화되고, 왕창 축복을 받으려 합니다. 그러나 기적과 축복도 하나씩 쌓여서 이루어지는 것입니다.

예수님도 이삭 줍는 분이셨습니다. 목수 일을 하셨고, 고난을 받으셨으며, 기도하고 순종하며 그 사역을 이루어 내셨습니다. 다윗도 처음부터 왕이었던 것이 아닙니다. 그는 목동으로서 최선을 다했습니다. 목숨을 걸고 사자나 곰과 싸우며 양을 지켰습니다. 요셉도 처음부터 총리가 되었던 것이 아닙니다. 노예 생활 10년, 감옥 생활 3년을 성실하게 살아 낸 것입니다. 모두 이삭 줍는 과정이 있었습니다.

그래서 참 신앙인들은 오늘의 삶을 부정하지 않습니다. 왜냐하면 하나님이 보내신 곳에서 인내해야 하나님이 뜻을 이루신다는 것을 알기 때문입니다. 그 자리를 떠나면 또다시 방황하게 되니 이것이 광야가 아니고 무엇이겠습니까? 요셉이 노예 생활 중에도, 감옥 생활 중에도 인내했던 것처럼 인내해야 합니다. 대박을 꿈꾸는 것이 아니라 오늘의 삶을 성실하게 기다리며 살아 내는 것이 중요합니다.

인내로 나중 은혜를 심다

27년 전, 나는 교회를 개척하기 위해 안산으로 내려가면서 이렇게 기도했습니다.

"하나님, 제가 목회를 하러 갑니다. 지금 보러 가는 그곳이 하나님이 주신 곳이라고 믿겠습니다."

교회 집사님이 운영하는 부동산에 가서 돈은 없지만 그래도 하나님 응답받고 왔노라 말하니 집사님이 나를 어느 허름한 지하실로 안내했습니다. 그런데 그곳 문을 여니 문 앞에 우물 같은 것이 하나 있었습니다. 나는 집사님에게 이게 뭐냐 물었습니다. 그랬더니 그 집사님 말이 "전도사님, 그 물 떠다 청소하면 물 값도 안 들고 좋아요" 하는 겁니다.

보통은 '그 물 때문에 고생 좀 할 겁니다' 해야 하는 것 아닙니까? 결국 나는 그 말에 은혜를 받아 덜컥 그 지하실을 계약했습니다. 게다가 계약을 하려고 보니 번지수가 777-7번지였습니다. 나는 그곳이 하나님이 내게 주신 첫 사역지라 찰떡같이 믿었습니다.

그런데 그곳에서 사역은 생각만큼 쉽지 않았습니다. 물과의 전쟁이 시작된 겁니다. 지하에서 물이 하도 올라와 예배를 드리다 말고 물을 퍼낸 적이 한두 번이 아니었습니다. 강대상은 두 번이나 썩어 주저앉았습니다. 피아노가 녹슬어 소리가 나지 않았습니다. 오죽하면 멀쩡하던 시계가 예배당에만 걸어 놓으면 멈추곤 했겠습니까?

그 습기 가운데에서 나는 늘 아내와 함께 철야 기도를 했습니다. 그 탓이었는지 결국 아내는 몸이 망가지더니 결핵에 걸렸습니다. 병원에서 치료를 받는데 늑막에서 그렇게 많은 물이 나올 수 있다는 것을 그때 알았습니다.

그렇게 아내를 요양을 보내고 다시 사역을 하고 있는데, 아는 선배가 교회로 찾아왔습니다. 선배는 곳곳에 곰팡이가 핀 성전을 둘러보더니 울며 내게 말했습니다.

"여기는 목회 할 자리가 아니니 빨리 이사를 가는 것이 좋겠다. 그렇지 않으면 사모님만 아픈 것이 아니라 너까지 큰일 치르겠다."

그날 선배가 준 후원금을 손에 쥐고 강대상에 올라가 하나님 앞에 몇 시간을 울었습니다. 나는 더 나은 환경, 더 좋은 조건을 따라 이사 갈 수가 없었습니다. 처음 이곳에 왔을 때 하나님이 보내셨다 믿었는데, 창립예배를 드리며 하나님이 보내셨다 선포했는데 내가 어떻게 환경이 어려워졌다고 그 믿음을 저버릴 수 있겠습니까?

나는 그날 이렇게 기도했습니다.

"하나님, 나는 이곳에 죽으러 왔습니다. 여기서 나갈 땐 죽어서 나가든, 부흥해서 나가든 하겠습니다. 하나님 뜻대로 하십시오."

그렇게 순교의 마음으로 하루하루를 인내하는 가운데 하나님이 나중 은혜를 부어 주셨습니다. 지하실 교회에 앉을 자리가 없을 정도로 성도가 가득 차게 하신 것입니다. 결국 우리는 지하에서 나와 5층 상가 꼭대기로 예배당을 옮겼고, 하나님은 그곳에도 정말 많은 성도를 보내 주셨습니다.

만약 그때 내가 더 좋은 곳을 찾아 이사했다면 27년이 지난 지금도 나는 더 좋은 환경, 더 좋은 조건을 찾아 헤매고 있었을 것입니다. 그러나 하나님은 더 좋은 환경에서 역사하시는 분이 아닙니다. 불이 흐르는 지하실에서도, 이삭 줍는 삶의 현장에서도 당신의 섭리를 이루어 내시는 분입니다. 무슨 일이든 하나씩 쌓아 가는 것이지 한꺼번에 대박 나는 일은 없습니다. 특별히 오늘 나에게 주어진 삶의 현장을 가볍게 여겨서는 안 됩니다. 보냄을 받은 곳에서, 하나님의 허락하신 오늘의 삶의 현장을 귀하게 알고 작은 일에 충성하십시오.

물론 고난의 순간은 막막하고 앞이 보이지 않습니다. 때로는 포기하고 싶습니다. 우리는 이미 하나님이 룻을 통해 이루고자 하시는 계획을 알기 때문에 그 시간이 은혜인지 알지만, 지금 남의 밭에서 이삭 줍는 여인에게 "하나님의 섭리가 당신에게 있어요" 하면 누가 믿겠습니까?

그런데 이렇게 생각해 보십시오. 만약 성경 속 룻이 현실에 있다고 칩시다. 그 룻 집사가 하루는 시험 들어 우리에게 상담을 요청하는 겁니다.

"권사님, 나 못살겠어요. 나 이삭 줍는 것 그만 두고 어디론가 도망가 버리고 싶어요. 이삭 줍는 것도 하루 이틀이지 지겨워 못살겠어요."

그때 어떻게 말하겠습니까? "룻 집사, 정신 차려! 인내해야 해. 가긴 어디로 간다고 그래! 그곳이 지금은 힘들지만 축복의 현장이 될 거야. 하나님이 결국 축복해 주실 거야" 하며 은혜 아래 있으라고 설득하지 않겠습니까?

룻 집사에게 해줄 이야기를 지금 내게 적용해 보십시오. 지금 이삭 줍는 현장에 있습니까? 그곳으로 인내한 하나님의 섭리적 우연을 생각해 보십시오. 감사함으로 기뻐하며 견뎌야 합니다. 나중 은혜를 준비하시는 하나님을 믿으십시오.

chapter 5

보아스를 준비하시는 하나님
(2장 8-13절)

"은혜 앞에서 포기하겠습니까?"

시어머니의 말에 순종해 약속의 땅으로 왔다고 해서 신분이 상승되지 않습니다. 하나님이 보내신 이삭 줍는 자리에서 성실히 그 일을 감당했다고 해서 어떤 자격이 주어진 것도 아닙니다. 룻은 여전히 땅주인도, 그곳에서 정식으로 일하는 일꾼도 아니었습니다. 여전히 이삭을 주워 연명하는 미천한 신분이었습니다.

그런 룻의 입장에서는 혹여 밭의 일꾼들이 자신을 쫓아내기라도 할까봐 눈치를 보면서 엄청난 조바심 가운데 이삭을 주웠을 것입니다. 그런데 그때 땅주인 보아스가 왔습니다. 그렇지 않아도 잔뜩 긴장하고 일하고 있는데 주인이라는 분이 왔으니 더더욱 몸 둘 바를 몰랐을 것입니다.

그때 보아스가 마치 주님이 우리에게 다가오듯 룻에게 다가왔습니다. 그러고는 "내 딸아, 들으라" 하고 말합니다. 룻과 보아스는 신분이 다릅니다. 보아스는 세상에서 말하는 존귀한 신분이고, 룻은 이방 여인이요, 과부였습니다. 그럼에도 보아스는 룻의 과거를 캐묻지 않고 오히려 "내 딸아" 하고 그 자격 없음을 덮어 주었습니다.

은혜 받을 자격이 있어서가 아니다

> 보아스가 룻에게 이르되 내 딸아 들으라 (룻 2:8a)

룻을 향한 보아스의 호칭을 보십시오. '내 딸'이란 호칭은 한 부자가 자격 없는 불쌍한 여인에게 호의를 베풀고자 부르는 말이 아닙니다. 그렇다면 누가 누구를 이렇게 부를 수 있습니까? 유력한 자라 하여, 가진 것이 많다 하여 '내 딸아', '내 아들아'라고 말할 수 있습니까? 대통령도, 스승도 그렇게 말할 수 없습니다. 오직 아버지만이 그렇게 부를 수 있습니다. 그러한 호칭을 보아스가 룻에게 사용하고 있는 것입니다.

이 한마디의 호칭은 수많은 의미를 내포하고 있습니다. 이제 보아스를 통해 하나님의 엄청난 은혜가 룻에게 베풀어지게 될 것입니다. 보아스는 그러한 계획을 가지고 룻에게 다가갔습니다. 이 은혜는 룻이 불쌍해서 베푸는 것도, 어떤 계획이나 목적을 가지고 계산적으로 베푸는 것도 아닙니다. 보아스가 룻보다 가진 것이 많아서도 아니었습니다. 보아스는 '네가 내 딸이니 내가 너에게 은혜를 베푸는 것이 미땅하다' 하고 말하고 있는 것입니다. 이 말에는 혹시라도 룻이 수치심이나 부끄러움이라도 느껴 마음이 상하거나 다치지는 않을까 하는 배려가 숨어 있습니다.

왜 자녀를 먹이고 입히고 돈을 들여 가르칩니까? 예뻐서입니까? 잘생겨서입니까? 착해서입니까? 아닙니다. 내 딸, 내 아들이기 때문입니다. 자녀에게 저녁상을 차려 주면서 '넌 밥 먹을 자격이 없지만 내가 너보다 가진 것이 많으니 불쌍한 너를 위해 밥 차려 줄게' 하는 부모가 있습니까? 그런 부모는 세상 어디에도 없습니다.

하루는 무엇인가를 찾기 위해 집에서 장을 뒤지는데 처음 보는 통장이 세 개가 나왔습니다. 뭔가 하고 보니 우리 아이들 이름으로 된 통장이었습니다. 한 달에 만원 씩 일곱 달 입금되어 있었습니다. 아내에게 이게 무엇이냐 묻자 "애들 위해서 뭐라도 해주고 싶어서요" 하고 말했습니다.

엄마 노릇도 제대로 못 한다 생각했는데 아니었습니다. 자기 하나 건사도 못 하는 몸으로 어느새 일곱 번이나 은행에 나갔던 것입니다. 마음만큼은 다른 어미 못지않은 사랑이 있었습니다. 비록 얼마 되지 않는 금액이었지만 액수와는 비교되지 않는 사랑이었습니다.

우리가 "내 딸아, 내 아들아" 하고 부르는 아버지의 마음을 안다면, 예수님의 마음도 짐작할 수 있지 않겠습니까? 우리도 룻과 같은 이방인이었고 버림받아 마땅한 사람들이었습니다. 하나님을 모른 채로 자기 소견에 옳은 대로 살아가던 사람들입니다. 그런데 하나님은 룻뿐만 아니라 우리를 만나 주시고, 자녀 삼아 주셨습니다. 천하에 자격 없던 우리 모두가 하나님의 아들이요, 딸이 되는 것입니다. 그러므로 하나님의 "내 아들아, 내 딸아"라는 호칭은 전적인 주님의 사랑이요, 은혜요, 긍휼입니다. 아버지 앞에 오늘 또 여전히 은혜를 구할 수 있는 이유는 내가 뭘 잘해서가 아니라, 그분이 내 아버지이기 때문입니다.

보아스가 룻에게 베푼 은혜는 여기에서 머물지 않습니다. 보아스는 룻을 "내 딸아!" 하고 부르고 있지만 나중엔 룻의 신랑이 되어 줍니다. 한 몸이 되어 주는 것입니다. 언젠가 부활 승천하신 주님이 재림하셔서 우리를 신부 삼으실 것처럼 말입니다.

그럼 우리는 오늘을 어떻게 살아야 합니까? 생각해 보십시오. 보아스는 룻이 신부로 잘 준비되길 원했을 것입니다. 우리도 마찬가지입니다. 구원의 백성인 우리 모두의 삶과 신앙은 신랑을 맞을 준비를 하는 신부의 모습이어야 합니다. 열 처녀의 비유에 담긴 깨달음대로 등잔에 기름을 가득 채워 신랑을 맞이할 준비를 해야 합니다. 이것이 은혜를 입은 자의 모습입니다.

그런데 지금 우리는 어떻게 살아가고 있습니까? 혹시 오늘 은혜는 잊은 채 내일 일을 염려하며 근심하지는 않습니까?

룻에게 "내 딸아, 들으라" 하고 부른 보아스는 이어 이렇게 말합니다.

> 이삭을 주우러 다른 밭으로 가지 말며 여기서 떠나지 말고 나의 소녀들과 함께 있으라(룻 2:8b)

보아스는 룻이 자신의 밭에 거하면서 이삭을 주워 양식을 얻을

수 있도록 은혜를 베풀었습니다. 이것은 내일 일을 걱정하지 않아
도 되는 보장된 축복입니다.

베들레헴이 약속의 땅이기는 하지만 룻의 현실은 불확실했습니
다. 오늘은 보아스의 밭에서 은혜 가운데 이삭을 줍고 있지만 내
일은 어디로 가야 할지 염려해야 하는 상황이었습니다. 우리 삶도
그렇지 않습니까? 오늘은 그런대로 넘어갔다 치지만 내일이 염려
입니다. 누구나 내일이라는 부담을 품고 살아갑니다. 안정적인 직
장을 다니면서 보장된 미래를 그리며 사는 사람들도 있지만, '내
일은 어디에서 일하지?', '다음 달에도 이 일을 계속 할 수 있을
까?' 노심초사하며 살아가는 사람도 있습니다. 룻의 처지도 이와
같았습니다.

그런데 땅주인 보아스는 룻에게 "다른 밭으로 갈 필요 없다. 내
일도 여기서 계속 이삭을 주워라" 하고 말해 주었습니다. 이 말은
섭리 안으로 들어온 룻의 내일을 책임지겠다는 약속입니다.

오늘을 살아가는 사람들의 염려는 대부분 오늘이 아니라 내일입
니다. 오늘은 그냥저냥 살 수 있을 것 같은데 내일이 염려인 것입
니다. 그런 우리를 향하여 하나님은 말씀하십니다.

> 그러므로 내일 일을 위하여 염려하지 말라 내일 일은 내일이 염
> 려할 것이요 한 날의 괴로움은 그 날로 족하니라(마 6:34)

너희 염려를 다 주께 맡기라 이는 그가 너희를 돌보심이라(벧전 5:7)

신부 된 그리스도인들이여, 하나님은 내일 일은 신랑 되신 주님께 맡기고 오늘을 살라고 말씀하십니다. 내일 일은 내 것이 아닙니다. 내일은 내가 사는 것이 아닙니다.

우리 인생을 가만히 들여다보면 참 신기한 것이 있습니다. 아무리 어렵고 힘든 일이 있어도 그 문제는 내일 일, 한 달 후의 일, 1년 후의 일, 10년 후의 일이지 오늘 일은 아닙니다. 사업장이 망해도 당장 오늘은 괜찮습니다. 문제는 앞으로 어떻게 사느냐는 것이지 오늘은 그런대로 살만 합니다. 어떤 부모는 이제 막 태어난 딸을 안고 '이 아이를 20년 후에 어떻게 결혼을 시키나' 걱정합니다. 나중 문제를 미리 염려하는 것입니다.

나중이 염려되니 더 많이 알고 싶어 합니다. 그래서 열심히 책을 읽고 남들 이야기를 들으면서 공부를 합니다. 그런데 신기한 것이, 사람은 똑똑해질수록 염려만 더 많아집니다. 아는 것이 많아지니 더 잘 살 것 같은데, 그게 그렇지가 않습니다.

무서운 것은 그 염려가 주님으로부터 멀어지게 합니다. "내일 일을 염려하지 말라"는 말씀은 "너희의 내일은 하나님 손에 달렸으니 주께 맡겨 버리라"는 것인데, 내일 일을 미리 염려하면서 주님의 말씀도, 오늘의 행복도 모두 잃어버리는 것입니다.

나 역시 모진 인생 살다 보니 다 포기하고 도망가고 싶을 때가 한 두 번이 아니었습니다. 그럴 때마다 '오늘만 살자. 죽어도 내일 죽고 오늘은 살자'하고 생각했습니다. '내일 포기해야 하니 오늘이라도 최선을 다하자' 생각하며 하루하루 살다 보니 어느새 축복의 나이인 60이 되어 가고, 목회도 28년째 하고 있습니다. 이것이 감동입니다. 다시 그 시절로 돌아가라 하면 절대 못할 일인데 내가 그 시간을 버티며 지내온 것이 은혜입니다.

'앞으로 1년 동안 바르게 살자' 하면 자신이 없습니다. '실패의 자리에서 10년을 버텨야 한다' 하면 그 시간이 까마득합니다. 그러나 오늘 하루를 행복하게 사는 것은 할 수 있지 않습니까? 오늘 하루 주님이 기뻐하실 모습으로 살아 보는 것은 해볼 만하지 않습니까? 그렇게 하루하루 지내다 보면 그것이 쌓여 인생이 되는 것입니다.

그러나 사탄은 오늘을 무너뜨립니다. 새벽 기도도 내일부터 하고 오늘을 쉬라 합니다. 오늘만 죄를 지어 보라고 유혹합니다. 그렇게 오늘의 재미에 취해 미래까지 무너진 사람들이 얼마나 많은지 모릅니다. 그러나 하나님은 내일은커녕 당장 오늘 이삭을 주워 야 먹을 수 있는 룻과 인생들에게 내일을 보장하십니다.

끝까지 지켜야 할 곳이 있다

그렇다면 보아스는 왜 룻에게 "다른 밭으로 가지 말라"고 권면했을까요? 지금 이삭 줍는 삶의 현장에서 하나님의 섭리가 펼쳐질 것이기 때문입니다. 여기서 룻이 은혜를 입고 보아스의 신부가 되는 것입니다. 그런데 여기를 떠나 다른 밭으로 가면 나중 축복이 무너질 수 있다는 것입니다. 이제 룻은 보아스의 밭이라는 울타리 안에서 유혹을 이겨 내고 굳건히 견뎌야 합니다.

다른 밭으로 가자고 유혹하는 무리들이 있을 것입니다. 지금 이삭 줍는 밭을 불평하며 다른 밭에 더 좋은 것이 많이 있다고 말하는 사람들입니다. 룻 역시 여기서 떠나는 것이 맞는가 하는 신앙적 갈등도 했을 것입니다.

이렇게 많은 사람들이 하나님이 설정해 놓으신 이 섭리적 울타리를 떠나곤 합니다. 더 나은 곳, 더 편한 곳, 자존심이 상하지 않는 곳으로 가겠다고 말입니다. 이것은 보이지 않는 가운데 역사하는 사탄에게 속는 것입니다. 자신이 판단하고 선택하며 갈등하는 것 같지만 사탄의 역사입니다.

> 마귀가 벌써 시몬의 아들 가룟 유다의 마음에 예수를 팔려는 생각을 넣었더라(요 13:2)

이러한 사탄의 미혹이 순간 내 생각, 내 언어를 오염시킬 수 있습니다. 사탄은 포도나무에 붙어 있어야 할 가지들이 나무에서 떨어져 나가게 합니다. 양의 가죽을 쓰고 있는 이리떼들이 미혹하여 양 무리에서 벗어나게 합니다.

이 사탄의 미혹 가운데 아브라함도, 다윗도 포기하려 했습니다. 그들을 섭리하신 하나님이 붙잡아 주시지 않았더라면 다윗이 다윗 될 수 없었고, 아브람이 아브라함 될 수 없었을 것입니다. 섭리하신 대로 아브람을 아브라함 되게 하신 하나님, 다윗을 다윗 되게 하신 하나님이 우리를 지켜 미혹에서 이겨 내게 하실 것입니다.

내 삶에도 하나님의 섭리가 현실이 되기까지 지켜 내야 할 곳이 있습니다. 그곳은 교회일 수 있고, 가정일 수 있고, 말도 안 되는 환경일 수도 있습니다.

그런데 안타깝게도 사탄에게 속아 흔들리는 성도들이 얼마나 많은지 모릅니다. 사탄은 우리가 누군가를 원망하고 핑계하며 교회와 가정에 대한 정한 마음을 상실해 버리게 합니다. 이단과 세상 가치에 빠져 교회와 가정을 사랑하지 못하게 할 뿐 아니라 아예 떠나게 합니다. 그런 우리에게 하나님은 "다른 밭으로 떠나지 말고 여기에 있기만 하여라" 하고 권면하십니다. 하나님의 섭리가 펼쳐지기까지 이겨 내고 견디어 내라는 강력한 권면입니다.

하나님의 은혜의 현장인 '여기'에서 이탈해 '다른 밭'으로 가면 은혜와 섭리에서 벗어납니다. 하나님의 섭리의 현장을 이탈하면 하나님의 뜻이 이루어질 수 없습니다.

당신의 '여기'는 어디이고 '다른 밭'은 어디입니까? 다윗에게는 사울이 곧 '여기'였습니다. 모세에게 미디안 광야 40년은 쓸데없이 고생하는 곳이 아니라 섭리 가운데 보냄 받은 '여기'인 것입니다.

제자들은 주님의 부탁을 외면하고 자신들의 '여기'를 떠나 과거로 돌아가 어부가 되었습니다. 제자들은 또 한 번의 실패자가 되었고 결국 은혜 가운데 주님이 말씀하신 '여기'로 돌아와야 했습니다.

많은 성도들이 복 받고자 열심히 살아갑니다. 그러나 결정적인 순간에 어리석게도 그 복 받을 그릇을 엎어 버립니다. '여기'를 떠나 '다른 밭'으로 갑니다. 왜 '여기'를 떠납니까? 염려 때문입니다. 그 염려는 실제가 아닌 인간의 욕심에서 오는 것이요, 죄성 때문에 생기는 것입니다. 하지만 이 모든 것은 신랑을 향한 믿음으로 이길 수 있습니다. 우리가 주님의 말씀을 붙들고 이기고 견디어 내면 더 큰 은혜가 있습니다.

하나님이 아니어도 되는 것은 없다

> 그들이 베는 밭을 보고 그들을 따르라 내가 그 소년들에게 명령 하여 너를 건드리지 말라 하였느니라 목이 마르거든 그릇에 가서 소년들이 길어 온 것을 마실지니라 하는지라 (룻 2:9)

룻은 젊어서 혼자 된 이방 여인으로, 유대 사회에서 결점이 많은 사람이었습니다. 지켜 주거나 힘이 되어 줄 사람이 없으니 사람들은 룻을 얼마든지 무시할 수 있었습니다. 남성 중심의 사회에서 여인이 혼자 살아간다는 것은 쉽지 않습니다.

그런데 이때에 보아스의 "떠나지 말고 소녀들과 함께 있으라"는 권면은 동시에 다른 젊은 남자들에게 "룻을 함부로 건드리지 말라"는 명령이었습니다. 이 말 한마디가 룻을 보호한 것입니다. 룻이 아무 일 없이 이삭을 주울 수 있었던 것, 마침내 보아스의 아내가 되어 하나님의 섭리가 이루어지기까지 견딜 수 있었던 비결이 여기에 있습니다. 단지 룻이 믿음이 좋고 심지가 견고해서가 아니라 하나님의 보호하심의 은혜였던 것입니다.

이러한 은혜 가운데 우리도 지금까지 살아왔다는 것을 알고 있습니까? 우리 가정, 우리 교회, 우리 사업장이 오늘의 은혜를 입은 것이 과연 우리만의 재주요 힘이었습니까? 얼마나 험난한 일들이 많았습니까? 운전을 하다 보면 느끼는 것이 하나 있습니다. 안전이 내 능력으로만 지켜지는 것이 아니라는 사실입니다. 사업이 잘 되고 일이 잘 풀린 것이 우리가 똑똑하게 선택해서였습니까?

종종 사람들은 하나님이 나에게 해준 것이 무엇이냐 말합니다. 그러나 그 많은 오해를 받으면서도 주님은 은밀하게 우리를 도우십니다. "내 딸, 내 아들을 건드리지 말라"고 말씀하시며 지켜 주시는 것입니다.

이 은혜가 아니었으면 우리는 모두 고꾸라지고 넘어졌을 것입니다. 그러나 지난 시간들을 돌이켜 보십시오. 아무리 힘들었다 해도 지나고 보면 거기까지입니다. 행여 더 힘들면 우리가 영영 쓰러질까봐 하나님은 거기까지만 하시고 지키고 보호하십니다.

사람은 어리석기 짝이 없어 지나고 나서야 그 은혜를 봅니다. 당시는 시련이고 아픔이었는데, 왜 내가 이렇게 살아야 하느냐 불평했는데 지나고 보면 은혜가 보이는 것입니다.

그냥 살아온 사람은 아무도 없습니다. 상처 없는 독수리 없다는 말처럼 각자의 삶에 상처와 아픔이 있습니다. 어떤 장로님은 "내가 그때 자살하고 싶었어요" 합니다. 그런데 그 시간들을 버티고 보니 사방이 은혜라는 것입니다. 보아스를 통해 룻을 보호하신 하나님의 은혜가 오늘 우리에게 가득한 것을 믿습니까?

네가 말하기를 여호와는 나의 피난처시라 하고 지존자를 너의 거처로 삼았으므로 화가 네게 미치지 못하며 재앙이 네 장막에 가까이 오지 못하리니 그가 너를 위하여 그의 천사들을 명령하사 네 모든 길에서 너를 지키게 하심이라 그들이 그들의 손으로 너를 붙들어 발이 돌에 부딪히지 아니하게 하리로다 네가 사자와 독사를 밟으며 젊은 사자와 뱀을 발로 누르리로다(시 91:9-13)

언제나 하나님은 당신의 섭리의 현장으로 사람들을 보내실 때 주시는 말씀들이 있습니다. "두려워 말라. 놀라지 말라. 내가 너와 함께 하느니라!", "네가 불 가운데, 물 가운데 있을지라도 내가 너와 함께 하느니라!", "내가 사망의 음침한 골짜기로 다닐지라도 해를 두려워하지 않을 것은 주께서 나와 함께 하심이라!"

나 혼자 뭔가 이룬 줄 착각하지 말고, 하나님이 아니어도 되는 줄 착각하지 말고 삼가 두렵고 떨림으로 맡겨진 구원을, 하나님의 섭리를 이루어 가야 합니다.

은혜 앞에 엎드리다

> 룻이 엎드려 얼굴을 땅에 대고 절하며 그에게 이르되 나는 이방 여인이거늘 당신이 어찌하여 내게 은혜를 베푸시며 나를 돌보시나이까 하니(룻 2:10)

은혜 앞에 룻은 엎드렸습니다. 자격 없는 자로서 자신을 낮추었습니다. 그런데 놀랍게도 이 이방 여인, 하녀만도 못한 여인을 통해 하나님의 섭리가 펼쳐졌습니다.

은혜의 특징은 물과 같아서 더 낮은 곳으로 흐릅니다. 신학적으로 은혜라는 말은 '받을 자격이 없는 자에게 베풀어지는 호의'입니다. 자신을 높이면 절대로 은혜가 은혜 될 수 없습니다. 자신들을 자격 있는 자로 생각했던 바리새인들이나 서기관들에게는 은혜가 은혜 될 수 없었습니다. 하나님 앞에서 "나는 자격 없는 자입니다" 하면서 자신을 낮추어야 합니다. 사람과의 관계에서도 "나는 부족한 사람입니다" 하며 자신을 낮추어야 합니다. 모든 은혜 앞에서 나를 내려놓고 나를 낮추는 것이 신앙적 지혜입니다.

사탄이 사용하는 방법 중 하나가 바로 사람들의 마음을 높이고 우월감을 갖게 하는 것입니다. 배우자 앞에서 우월감을 갖게 되는 순간 진정한 행복은 없습니다. 배우자를 귀하게 알고 나를 낮추는 것이야말로 복 중에 복입니다. "내 주제에 이런 남편 만났으니 복이다"라고 고백할 수 있어야 은혜입니다. "내 주제에 이런 귀한 교회 만나서 신앙생활 하니 복이다"라고 고백할 수 있어야 복입니다.

자격 없는 자로서 은혜에 감격하고 있는 룻에게 보아스는 이렇게 말합니다.

> 보아스가 그에게 대답하여 이르되 네 남편이 죽은 후로 네가 시어머니에게 행한 모든 것과 네 부모와 고국을 떠나 전에 알지 못하던 백성에게로 온 일이 내게 분명히 알려졌느니라(룻 2:11)

보아스는 룻의 행위를 알고 있었습니다. 그녀의 순종과 결단을 알고 있기에 이렇게 은혜를 베풀 수 있었습니다.

하나님은 더 큰 은혜를 베푸시기 위해 우리의 결단과 행동을 보십니다. 물론 보잘것없는 우리의 행위나 헌신이 은혜 받는 근거가 되는 것은 아닙니다. 은혜는 일방적 사랑입니다.

그러나 하나님은 먼저 우리의 신앙적 행위를 보십니다. 내가 은밀한 가운데 행한 신앙적 행위를 하나님은 알고 계십니다.

여호와께서 네가 행한 일에 보답하시기를 원하며 이스라엘의 하나님 여호와께서 그의 날개 아래에 보호를 받으러 온 네게 온전한 상 주시기를 원하노라 하는지라(룻 2:12)

하나님은 우리를 죄와 사망에서 구원하시는 것으로만 끝내시는 분이 아닙니다. 더 인내하는 성도에게 상 주시는 하나님이십니다.

신앙은 울타리 안에서 이기고 견디고 자신을 부인하며 만들어 내는 열매입니다. 자존심과 감정이 나를 끌고 가지 않게 주의하십시오. 기분 나쁘니 이혼하고 원통하니 그만두고 억울해서 버리고 포기해서는 안 됩니다. 우리 삶에서 중요한 선택을 할 때 감정과 자존심이 하나님의 울타리를 벗어나지 못하게 하십시오. 감정과 자존심은 별것 없는 것입니다. 그것을 이겨낼 때 열매가 맺힙니다.

chapter 6

부지중의 은혜
(2장 14-16절)

"먼저 받았으니 흘려보내십시오"

"사람이 무엇으로 심든지 그대로 거두리라"(갈 6:7)는 구절을 읽으면 '과연 내가 심은 것은 무엇인가?'하고 생각하게 됩니다. 어쩌면 이 구절은 역설적 표현이 아닌가 하는 생각도 듭니다. 내가 심은 것은 겨자씨 만큼인데 거둔 것은 태산보다 큽니다. 자격 없는 내가 귀한 사람들 앞에서 설교하며 버젓이 살아가고 있으니 이것은 은혜 위에 은혜입니다.

오늘 무엇을 심으며 살아가고 있습니까? 지금 우리가 누리는 것이 과연 내가 심었고 노력했기 때문입니까? 사람이 심은 대로만 거둔다면 무엇을 얼마나 거두며 살 수 있겠습니까?

왕 중의 왕 다윗은 여자를 위해 신하를 죽인 형편없는 사람이었습니다. 믿음의 조상 아브라함은 두려움 때문에 아내를 다른 남자에게 보낼 뻔한 연약한 자였습니다. 예수님의 수제자 베드로는 예수님을 세 번이나 부인한 사람이었습니다. 이들이 심은 대로 거두었다면 죄인이라는 낙인만이 있었을 것입니다.

우리의 삶도 돌이켜 보면 심은 것이라곤 다 죄뿐입니다. 그러나 주님의 덮어 주시는 은혜가 있었기에 오늘을 살아가고 있는 것입니다.

룻에게도 이런 은혜가 시작되고 있었습니다.

보아스의 식탁에 초대받다

룻이 보아스의 식탁에 초대받았습니다.

식사할 때에 보아스가 룻에게 이르되 이리로 와서 떡을 먹으며
네 떡 조각을 초에 찍으라 하므로 룻이 곡식 베는 자 곁에 앉으니
그가 볶은 곡식을 주매 룻이 배불리 먹고 남았더라 (룻 2:14)

보아스는 신분이 높았지만, 룻은 이방 여인이요, 가난한 과부였
습니다. 보아스는 땅주인이고 룻은 일꾼도 아닌 이삭 줍는 여인이
었습니다. 룻과 보아스는 신분상 같은 식탁에 앉을 수 없는 사람들
이었습니다.

지금도 계급이 있는 사회에서는 한 식탁에 앉지 못하는 사람들
이 있습니다. 한번은 중국으로 여행을 간 적이 있습니다. 종일 가이
드를 해준 중국인이 우리가 식사를 하는 동안 다른 곳에 앉아 있기
에 함께 식사하자 청했습니다. 그랬더니 그는 그리할 수 없다고 하
는 것입니다. 왜 그러느냐 묻자 자신들은 종으로서 우리를 섬겨야
하기 때문이라는 겁니다. 결국 우리는 한 식탁에서 식사할 수 없었
습니다.

불과 몇 십 년 전까지만 해도 우리나라 역시 비슷한 문화가 있었
습니다. 어린 시절 어렴풋한 기억에 한 가정 안에서도 남자와 여자
가 식사하는 상이 달랐습니다. 심지어 아들도 큰 상에서 밥을 먹었
는데, 어머니와 할머니는 작은 상에서 식사하곤 했습니다. 만약 그
때 남자와 여자가 한 상에서 식사하는 모습을 어른들이 보았다면
불호령이 떨어졌을 것입니다.

그런데 보아스는 룻에게 "내 딸아" 하고 불러 주었을 뿐 아니라 자신의 식탁에 초대합니다. 이렇게 신분을 무시하고 함께 식탁에 앉는다는 것은 굉장한 의미가 있습니다. 바로 신분이 회복된다는 것입니다. 룻의 입장에서는 단순히 배부르게 먹고 마신 것이 다가 아니었습니다. 세상에 멸시받고 천대받은 룻을 보아스가 인정해준 것입니다.

하나님도 자격 없는 우리를 그분의 식탁으로 초대하십니다.

> 볼지어다 내가 문 밖에 서서 두드리노니 누구든지 내 음성을 듣
> 고 문을 열면 내가 그에게로 들어가 그와 더불어 먹고 그는 나와
> 더불어 먹으리라(계 3:20)

하나님의 초대는 곧 우리의 신분 회복입니다. 사탄의 편에 섰던 우리를 다시 하나님의 자녀요 주님의 백성으로 인정해 주는 것입니다. 자격이 있어서가 아닙니다. 그저 하나님의 은혜입니다.

주님의 식탁에 특별히 초대되어 예수님의 족보에 오른 여인들도 자격 없기는 마찬가지였습니다. 다말은 부정한 여인이었고, 라합은 기생이었으며, 특별히 솔로몬 왕을 낳은 밧세바는 다윗과 감음한 여인이었습니다. 그렇다면 우리라고 자격이 있습니까? 우리도 그들과 별반 다를 것 없는 사람들입니다.

보아스의 식탁은 풍성했습니다. 룻이 배불리 먹고도 남을 정도

였습니다. 그때 식탁 위에 오른 음식은 '떡과 초와 볶은 곡식'입니다. 성경을 해석하는 사람들은 떡과 초와 볶은 곡식에 일일이 의미를 부여하곤 합니다. 그러나 억지로 끌어다 맞출 필요는 없습니다. 룻이 배불리 먹고 남게 된 식탁의 음식은 한마디로 '은혜'였습니다. 보아스의 식탁에서 배불리 음식을 먹은 룻은 음식이 아니라 은혜로 배가 부른 것입니다.

내 삶에 베푸시는 은밀한 은혜

하나님의 사람들은 은혜를 먹고 사는 사람들입니다. 우리에게는 모두 이런 은혜가 있습니다. 단지 내가 인식하지 못하고 있을 뿐입니다.

하나님의 은혜를 베푸시는 원리가 바로 '은밀함'입니다. 마치 돕지 않으시는 것처럼 도우신다는 것입니다. '내가 네게 이렇게 해주지 않았느냐' 하시며 생색을 내지도 않으십니다. 도움을 받는 자가 자존심 상하게 하지 않으십니다. 그래서 영적으로 깨어있지 않으면 하나님의 사랑을 바로 알 수 없습니다.

나는 이 은혜를 생각하면 에덴동산에 살던 아담과 하와가 생각납니다. 대부분의 사람은 아담과 하와가 죄를 짓기 전 '벗고 있었다'고 말합니다. 하지만 나는 '입고 있었다'고 생각합니다. 그들은 비록 눈에는 보이지 않았지만 그 어떤 옷보다 보온성도 좋고 안전한 '은혜의 옷'을 입고 있었습니다.

은혜를 입고 있으니 벗은 것이 부끄러움이 아니었습니다. 부족한 것, 모자란 것이 없었습니다. 그런데 선악과를 먹고 그 은혜가 끊어지자 벗은 것, 부족한 것, 부끄러운 것을 알아 버리고 말았습니다.

내 삶을 돌아보십시오. 은혜의 옷이 보입니까? 하나님이 때마다 덮어 주신 은혜가 느껴집니까? 그 은혜가 아니었으면 무엇으로 지금까지 올 수 있었겠습니까? 나는 은혜 없이 지난 삶을 다시 살라 하면 자신이 없습니다.

룻에게 베풀어진 보아스의 은혜들도 은밀하게 이루어졌습니다.

> 룻이 이삭을 주우러 일어날 때에 보아스가 자기 소년들에게 명령하여 이르되 그에게 곡식 단 사이에서 줍게 하고 책망하지 말며 또 그를 위하여 곡식 다발에서 조금씩 뽑아 버려서 그에게 줍게 하고 꾸짖지 말라 하니라(룻 2:15-16)

보아스가 자기 일꾼들에게 수확한 곡식 다발에서 일부러 조금씩 뽑아 버려서 룻이 줍게 하라고 말합니다. 한 식탁에 초대받은 은혜도 큰데, 이제는 좋은 자리에서 곡식 다발을 줍게 되니 룻에게는 정말 큰 은혜입니다. 이제 룻은 멀리 밭고랑에서 눈치 보며 이삭을 줍지 않아도 추수를 하는 것처럼 곡식을 얻을 수 있었습니다.

상상해 보십시오. 상황을 알 리 없는 룻이 이삭을 줍다가 얼마나 놀랐겠습니까? 이삭이 아니라 곡식 다발을 주으며 얼마나 행복했겠습니까? 이것이 웬 횡재냐 했을 것입니다. 저절로 나오는 웃음을 참으며 그 은혜를 누렸을 것입니다.

그 은혜가 룻의 노력의 결과입니까? 룻이 바구니에 담아 내는 것은 수고의 열매나 능력의 결실이 아니었습니다. 모르는 사람이 보았다면 룻이 운이 좋았다, 장소를 잘 선택했다고 할지도 모릅니다. 그러나 알고 보면 모두가 다 보아스가 베푼 은혜, 곧 하나님이 섭리하신 은혜였습니다.

그런데 우리는 그 은혜가 은밀하여 제대로 보지 못합니다. 여전히 '하나님이 뭘 도우셨어? 다 내가 했지!' 하고 생각하고 있지는 않습니까? 그러나 내가 심은 것이라고는 죄밖에 없습니다. 미워하고 시기하고 나를 높이며 살아왔을 뿐입니다. 그러나 그 죄를 덮어 주신 것도 하나님의 은혜입니다. 하늘에서 만나를 내리시고 메추리 떼를 몰고 오시는 주님이 우리 삶에도 은혜를 흘려주셔서 우리가 그 은혜로 살았던 것입니다. 하나님은 우리가 그것이 은혜였음을 깨달을 때까지 한없이 기다려 주십니다.

안산빛나교회가 부흥할 수 있었던 것도 보이지 않는 은혜가 있어서였습니다. 모르는 사람들은 우리 교회를 보며 '그래도 담임목사가 뭔가 잘했으니 부흥했지', '담임목사가 잘 가르쳐서 성도가 성숙했지' 합니다. 그러나 천만에 말씀입니다. 나는 아무것도 할 줄 모르는 사람입니다. 성도는 둘째 치고 내 자식 가르치고 키우기도 빠듯한 사람입니다. 그러나 하나님이 흘려주시는 은혜로 안산빛나교회도 지금의 자리에 있을 수 있었고, 나도 살 수 있었습니다.

지금 하나님이 우리가 처한 곳곳에 은혜를 한 움큼씩 흘려주고 계십니다. 그 은혜는 나도 모르고 이해되지 않는 순간에도 은밀하게 내 손에 들어옵니다. 누구의 능력도, 재주도 아닌 오직 하나님의 은혜인 것입니다. 그래서 하나님이 주시는 은혜들을 이슬 같은 은혜라 합니다. 그 은혜가 없었다면 우리는 아마 지금껏 살아있을 수 없었을지 모릅니다.

거저 받은 은혜를 흘려보내다

나는 룻기의 이 본문을 보면서 일꾼들 입장이 되어 묵상해 본 적 있습니다. 사실 일꾼들 입장에서는 룻이 못마땅했을 수 있었겠다 생각합니다.

어느 날 자격 없는 여자가 이삭을 줍더니, 자신도 함께 앉아 본 적 없는 주인의 식탁에서 식사를 하는 겁니다. 그리고 주인은 보잘 것없는 여인을 위해 곡식을 흘려주라 합니다. 수고는 앞선 일꾼들이 더 했는데 이삭 줍는 여인은 노력도 없이 수확물을 가져가는 것입니다.

만약 일꾼이 "안 됩니다! 저 여자는 자격이 없습니다! 저는 그렇게 하지 않겠습니다!" 했다고 생각해 보십시오. 주인이 그 일꾼을 가만 두었겠습니까? 만약 그랬다면 일꾼은 그날로 일꾼 자격을 잃게 될 것입니다.

여기에 또 놀라운 깨달음이 있습니다. 우리의 또 다른 사명은 먼저 받은 은혜를 누군가에게 흘려보내야 한다는 사실입니다. 내가 받은 용서와 사랑을 지극히 작은 자들을 향해 흘려주어야 합니다.

때로는 용서해야 하는 상대가 내 마음에 들지 않을 수 있습니다. 때로는 별것 없어 보이는 친구가 더 복 받고 인정받는 것 같아 못마땅합니다. 그러면 도저히 사랑할 수가 없습니다.

그럴 때는 내가 먼저 받은 은혜를 떠올려 보십시오. 나 역시 부족하기는 마찬가지였습니다. 나도 별것 없고 자격 없었지만 하나님은 내게 은혜를 베풀어 주지 않으셨습니까? 그동안 하나님이 흘려주신 은혜가 얼마나 컸습니까? 나도 인생을 살면서 내 인생도 여기서 끝인가 보다. 이제 아이들과 어떻게 살면 좋을까?' 할 때가 한두 번이 아니었습니다. 그런데 하나님은 그때마다 은혜를 한 묶음씩 던져 주셨습니다. 그거 받아먹으며 지금까지 왔습니다.

어떤 사람들은 하나님께 받은 것이 마치 자기 것인 양 흘려보내지 않습니다. 저렇게 도와주면 버릇 나빠진다고 안 내주는 사람도 있습니다. 마치 돌아온 탕자를 반겨 주지 못하는 형의 모습 같습니다. 아버지의 용서를, 아버지의 마음을 자기 판단 아래서 수용하지 않는 어리석음입니다. 주인이 받아 주겠다는데 자기가 받아 주지 않고 책망하는 것만큼 어리석은 짓이 없습니다.

보아스는 일꾼들에게 또 이렇게 명령합니다.

> 또 그를 위하여 곡식 다발에서 조금씩 뽑아 버려서 그에게 줍게
> 하고 꾸짖지 말라 하니라(룻 2:16)

일꾼이 룻에게 함부로 했다고 생각해 보십시오. 나중에 보아스와 결혼하여 밭주인이 된 룻을 대하기 난처했을 것입니다.

누군가가 가볍게 보인다고 함부로 하면 안 됩니다. 하나님의 섭리 안에서 그가 누구일지 아무도 모르기 때문입니다. 참 신앙은 내 마음에 들지 않는 환경, 내 마음에 들지 않는 사람 앞에서 하나님을 보는 것입니다.

당신은 삶의 현장에서, 가정에서, 교회 공동체 안에서 무엇을 흘려보내고 있습니까? 혹시 매사에 불평불만을 흘려보내고 있지는 않습니까? 마음에 들지 않더라도 흘려보내십시오. 은혜들이 우리 안에서 갇혀서는 은혜 될 수 없습니다.

chapter 7

은혜 위에 은혜
(2장 17-23절)

"은혜를 담고 말하고 전하십시오"

룻의 축복은 이삭을 줍는 데서 시작했습니다. 이처럼 우리 삶의 축복은 처절한 삶의 현장 안에서 일어납니다. 지금 고통스럽고 힘든 그 자리가 사실 숨겨진 은혜와 축복의 현장일 수 있는 것입니다. 이것이 은혜 위에 은혜입니다.

그러나 헷갈리지 말아야 할 것이 있습니다. 고생을 많이 했고 억울한 일을 많이 당한 것이 은혜는 아닙니다. 그 가운데서 은혜를 발견해야 합니다. 오늘 은혜를 보지 못하면 예비된 은혜를 받을 수 없습니다.

오늘 우리가 발견한 은혜를 담고, 말하고, 전하면서 앞으로의 은혜를 기대해야 합니다.

은혜가 보이는 것이 진짜 복이다

룻은 보아스의 배려로 많은 수확물을 거두었습니다.

> 룻이 밭에서 저녁까지 줍고 그 주운 것을 떠니 보리가 한 에바쯤 되는지라(룻 2:17)

'한 에바'는 12되 정도 되는 양으로, 한 말이 조금 넘는 풍성한 수확이었습니다.

그러나 룻의 바구니에서 이삭만 보면 안 됩니다. 룻이 종일토록 수고하여 바구니에 담은 것은 곡식이 아니라 은혜였습니다.

우리도 삶의 현장에서 내 삶의 그릇에 이삭이 아니라 은혜를 담아야 합니다. 아무리 사업장이 번창했다 해도, 다른 사람보다 성공했다 해도 은혜보다 사람의 수고나 재주가 보인다면 그리스도인의 풍성한 삶이 아닙니다. 세상 그 어떤 것보다 은혜 부자가 진짜 부자입니다.

지나온 삶을 되돌아보면 무엇이 보입니까? 고생한 것, 억울한 것이 보입니까? 나는 심은 것이 많은데 오늘 내 삶은 풍요하지 않다고 하나님을 탓하고 싶습니까? 그러나 지나온 삶에서 은혜가 보이지 않고, 억울한 것과 손해 본 것이 우선으로 보인다면 우리의 신앙을 점검해야 합니다.

오늘 우리 가정, 사업장, 자녀들의 삶에서 은혜가 보여야 합니다. 월급을 받았을 때에 은혜가 보여야 하고, 작은 일 앞에서 은혜가 보여야 합니다.

모든 지킬 만한 것 중에 더욱 네 마음을 지키라 생명의 근원이 이에서 남이니라(잠 4:23)

내 마음에 담겨 있는 과거의 상처 아픔이 있다면 다 쏟아 버리고 하나님의 은혜를 담으십시오. '누구 때문에, 무엇 때문에' 하는 마음으로 매여 있으면 은혜를 보지 못합니다. 내 안에 나를 사로잡아

끌고 다니는 죄성을 쏟아 내야 합니다. 치유되지 않은 상처에 매여 앞으로 받아야 할 은혜를 놓아 버려서는 안 됩니다.

말씀을 말해야 은혜가 쌓인다

룻은 곡식을 한 아름 안고 집으로 돌아와 나오미에게 안겨 주었습니다.

> 그것을 가지고 성읍에 들어가서 시어머니에게 그 주운 것을 보이고 그가 배불리 먹고 남긴 것을 내어 시어머니에게 드리매(룻 2:18)

곡식을 받아 든 나오미는 룻에게 "오늘 어디에서 일했느냐? 누가 너를 돌봐 주었느냐?"고 묻습니다. 나오미는 며느리가 가져온 곡식이 일의 대가의 차원을 넘어 넘치는 은혜였다는 것을 아는 것입니다.

보아스를 통해 은혜를 입은 룻은 시어머니에게 있는 그대로 전합니다.

> 룻이 누구에게서 일했는지를 시어머니에게 알게 하여 이르되 오늘 일하게 한 사람의 이름은 보아스니이다 하는지라(룻 2:19b)

그런데 룻의 이야기에 자신의 수고나 고생한 내용은 없습니다. 내가 얼마나 죽을 뻔했는지 아느냐고 자신의 공로를 말하지도 않았습니다. 룻은 보아스를 통해 받은 하나님의 은혜만 이야기합니다.

이처럼 자신의 수고는 말하지 않고 오로지 은혜만 이야기하면 '은혜 위에 은혜'가 됩니다. 이것이 참 그리스도인의 삶의 모습입니다. 그리스도인이라면 은혜를 배달하고 말해야 합니다. 말에서 믿음과 은혜를 놓아 버리는 것은 어리석은 일입니다.

왜 그렇습니까? 지금까지보다 앞으로 받아 누려야 할 은혜가 있기 때문입니다. 오늘 조금 힘들고 어렵다고 원망하고 불평하는 것은 앞으로 있을 미래의 축복을 엎어 버리고 맙니다.

우리가 믿음으로 살아야 할 이유도 여기에 있습니다. 우리가 지금까지도 은혜로 살았지만, 앞으로 섭리 가운데 있을 하나님의 은혜가 더 클 것이기 때문입니다. 그래서 원망하고 불평하면 은혜가 없습니다.

젊은 시절 부목사로 시무하면서 같은 동료 부목사님들과 있다 보면 삼삼오오 모여 담임목사님 험담을 합니다. 그 얘기를 듣고 있자니 나는 왜인지 모르게 담임목사님이 불쌍하다는 생각이 들어 저절로 내가 그분을 도울 것은 없나 하고 생각하게 됐습니다. 지금 와서 생각해 보면 아마 그때 내가 원망하고 미워하고 험담하지 않아서 지금 넘치는 은혜를 누리고 있는 것 같습니다.

내 남편, 내 아내가 불만입니까? 회사에 다니는데 상사가 영 못마땅합니까? 친구에게 배우자를 험담하고 상사를 험담합니까? 그런데 내 입으로 미래의 은혜를 차 버리지 말고 그저 '저 사람이 나랑 사는데 힘들겠다', '저분도 일하는데 고생이구나' 하며 불쌍하다 생각해 보십시오. 험담하기보다는 그를 돕고 싶어집니다.

그리스도인의 삶의 원리에서 말은 참으로 중요합니다.

> 너희 말을 항상 은혜 가운데서 소금으로 맛을 냄과 같이 하라 그리하면 각 사람에게 마땅히 대답할 것을 알리라(골 4:6)

> 만일 누가 말하려면 하나님의 말씀을 하는 것같이 하고 누가 봉사하려면 하나님이 공급하시는 힘으로 하는 것같이 하라 이는 범사에 예수 그리스도로 말미암아 하나님이 영광을 받으시게 하려 함이니 그에게 영광과 권능이 세세에 무궁하도록 있느니라 아멘
> (벧전 4:11)

많은 그리스도인들은 은혜를 입었다가도 말에서 실패를 합니다. 옛 어른들은 "말대로 된다", "말이 힘이다"라고 했습니다. 그렇다면 우리는 무엇을 말해야 할까요? 바로 하나님의 말씀입니다. 말씀으로 말하면 이웃과 공동체는 물론 먼저 '나'를 살립니다. 그러나 말씀을 외면하고 내 기분대로 말하면 그 말이 나도, 이웃도 힘들게

합니다.

사람들은 말의 열매로 살아갑니다. 지금 우리 삶의 모습들이 벌어진 사건이나 환경의 영향을 받은 것 같지만, 사실은 5년, 10년, 20년 전 내가 한 말의 열매인 것입니다. 그 한 사람의 미래를 알고 싶거든 환경이나 형편이 아니라 그가 무엇을 말하는지 보십시오. 말로 덕을 쌓아야 합니다.

우리가 하는 말은 다른 사람도 듣고 동시에 나도 듣습니다. 신기하게도 내가 다른 사람을 욕하고 저주할 때 우리 뇌는 그 말이 나를 향한 것인지 상대를 향한 것인지 구분을 못 하고 몸을 긴장시킨다고 합니다. 아무리 웬수같은 사람이 있어도 그를 험담하게 되면 그 사람이 망가지는 것이 아니라 내가 먼저 망가지는 것입니다. 우리가 원망하고 불평하면 내가 누군가를 힘들게 하는 것 같지만 사실은 나를 힘들게 하는 것입니다. 나를 살리는 것도 내 말이요, 나를 망가지게 하는 것도 내 말입니다.

또한 우리 뇌는 시제를 구분하지 못한다고 합니다. 오늘 내가 하는 말이 과거 일인지, 현재 일인지, 미래 일인지 모른다는 것입니다. 혹시 과거에 당한 억울한 일을 10년이 지나 친구에게 이야기했더니 마치 어제 있었던 것처럼 감정이 다시 올라오는 경험을 한 적은 없습니까? 과거의 억울함에 매여 말하면 그 말이 오늘을 다시 힘들게 합니다. 미래의 축복을 쏟아 버리게 합니다.

예수 그리스도의 복음의 특징이 무엇입니까? 과거로부터의 자유입니다. 사탄은 오늘도 우리로 하여금 과거에 매이게 합니다. 에덴의 죄성에 매여 있게 하고, 과거 억울함에 매여 살아가게 합니다. 은혜를 보지 못하여 오늘을 힘들게 살고, 미래를 어둡게 만듭니다. 그러나 알고 보면 과거 나를 힘들게 했던 일들은 사실 오늘과는 전혀 상관없는 일인 경우가 많습니다.

혹시 우리 주변에 유난히 말을 부정적으로 하는 사람이 있습니까? 유난히 누군가의 허물을 많이 보고 말하는 사람이 있습니까? 그는 똑똑한 사람이 아니라 불쌍한 사람입니다. 눈에 보이는 부정적인 것들을 이겨 내며 은혜로 사는 것이 얼마나 힘들겠습니까?

교회나 가정을 무너트리고 문제를 만드는 것도 결국 말입니다. 말에도 온도가 있는데, 은혜의 말은 온도가 높습니다. 하지만 사탄이 주관하는 말은 온도가 없고 은혜가 없습니다. 그래서 누군가를 힘들게 하고, 교회 공동체를 힘들게 하는 것입니다.

우리가 서로 주고받는 말이 옳으냐 그르냐보다, 그 말에 은혜가 담겨 있는지 여부가 더 중요합니다. 특히 교회와 가정은 옳고 그름에 매여서는 안 됩니다. 교회와 가정은 이익을 위한 공동체가 아니라 생명 공동체이기에 말이 더 중요합니다. 말 한마디로 누군가를 죽일 수도 살릴 수도 있습니다.

말을 전하는 것이 아니라 '말씀'을 전하는 사람이 되십시오. 삼가 두렵고 떨림으로 자신의 말을 지키고 자신의 말에 '은혜'를 담아야 합니다. 그리스도인의 삶의 원리에서 은혜를 운반하고 은혜를 말해야 합니다.

은혜를 전하다

룻은 보아스의 권고를 시어머니에게 전합니다.

> 모압 여인 룻이 이르되 그가 내게 또 이르기를 내 추수를 다 마치
> 기까지 너는 내 소년들에게 가까이 있으라 하더이다 하니 (룻 2:21)

보아스의 밭에서 "내 추수를 다 마치기까지"는 마지막 때의 추수
를 예표합니다. 예수님을 예표하고 있는 보아스는 추수의 주인 되
는 사람입니다. 룻이 지금 보아스의 밭에서 이삭을 줍는 것은 추수
에 동참하는 것입니다.

또한 이삭을 줍는 것은 버려진 알곡을 건져 내는 것입니다. 마
치 전도와 같습니다. 우리는 주님이 흘려보낸 알곡을 주워 담아야
합니다. 주님은 알곡을 흘려보내시면서 보아스가 신부 될 룻의 이
삭 줍는 모습을 지켜보듯이 우리가 성실하게 줍는지 주목하여 보
십니다.

룻이 이삭을 기쁨으로 주워 바구니에 담을 때 보아스는 훨씬 더
기뻐했을 것입니다. 이처럼 영혼 구원은 우리 예수님의 최고의 기
쁨이요 감격입니다. 세상은 영적 감옥이요, 무덤입니다. 이 죄와 사

망의 감옥과 무덤에서 그들을 자유케 해서 천국 백성을 만드는 일
은 하나님께서 가장 기뻐하시는 최고의 사역입니다.

> 내가 너희에게 이르노니 이와 같이 죄인 한 사람이 회개하면 하
> 늘에서는 회개할 것 없는 의인 아흔아홉으로 말미암아 기뻐하는
> 것보다 더하리라(눅 15:7)

또한 전도는 영혼의 호소에 대한 반응입니다. 전도하는 그리스
도인을 향하여 세상 사람들은 "우리를 그냥 두라"고 하지만 그들의
영혼은 "우리를 구원해 주세요"라고 말하는 것입니다.
앞서 죽음을 본 사람들의 소원을 성경은 이렇게 기록합니다.

> 내 형제 다섯이 있으니 그들에게 증언하게 하여 그들로 이 고통
> 받는 곳에 오지 않게 하소서(눅 16:28)

죽어서 지옥에 간 사람이 "자기의 다섯 형제는 지옥에 오지 않게
해 달라"고 호소하는 내용입니다. 그러므로 가장 큰 효도는 제사상
을 차리는 것이 아니라 예수님을 전하는 것입니다. 전도는 앞서 구
원을 받은 사람들의 의무입니다.

> 내가 복음을 전할지라도 자랑할 것이 없음은 내가 부득불 할 일

임이라 만일 복음을 전하지 아니하면 내게 화가 있을 것이로다
(고전 9:16)

　이 정도로 전도의 사명자가 될 수 있다면 큰 축복입니다. 이것은 잃어버린 영혼을 향한 하나님의 마음을 읽은 사람들의 고백입니다. 복음을 전하지 않으면 내게 화가 있을 것이라는 마음입니다. 부모 마음을 아는 자식이라면 효도하고자 하는 것처럼, 하나님의 잃어버린 영혼들을 향한 마음을 안다면 전도해야 합니다. 전도는 빚을 갚는 일입니다.

　　헬라인이나 야만인이나 지혜 있는 자나 어리석은 자에게 다 내가 빚진 자라 그러므로 나는 할 수 있는 대로 로마에 있는 너희에게도 복음 전하기를 원하노라(롬 1:14-15)

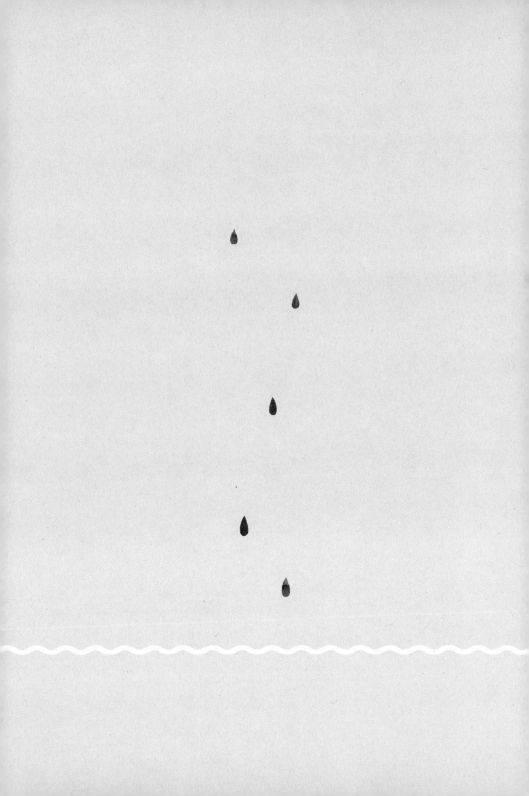

PART 3

영원한 안식처,
신랑을 맞이하다

chapter 8

잃어버린 기업을 되찾아 주실 분
(2장 20 - 3장 2절)

"더 나은 상태로 회복시키십니다"

가나안은 이스라엘 백성에게 하나님이 주신 땅입니다. 그 땅이 특별한 것은 다른 곳보다 더 비옥하거나 더 안전한 땅이어서가 아니라 하나님이 함께하시기 때문입니다. 오직 하나님께서 주인이기 때문에 그 땅은 축복 받은 땅이 된 것입니다.

그런데 가나안을 목전에 둔 요단강에서 이스라엘 백성은 큰 위기를 만납니다. 여호수아가 가나안에 입성하려고 할 때에 열두 지파 중 르우벤과 갓 지파의 반이 들어오지 않고 요단강 동편 땅을 달라고 요구한 것입니다. 그들은 가나안보다 요단 동편의 땅이 더 비옥한 것을 봤습니다. 가나안의 억센 이방인들에게 위협 받는 것보다 이미 다섯 왕을 무찌른 동편 땅이 안전해 보인 것입니다. 게다가 넓은 초원은 양을 기르기에 적합했습니다. 그들은 하나님이 약속한 땅이 가지는 의미를 알지 못했습니다. 그저 눈에 보이는 좋은 땅에서 살기를 원했습니다.

그러나 안전하고 풍요롭게 잘사는 것, 성공과 출세가 목적이었다면 애굽을 떠나야 할 필요가 없었습니다. 애굽은 하나님이 기업으로 준 땅이 아니라는 것만 문제였지 세상적으로 볼 때는 풍족한 땅이었습니다. 그럼에도 이스라엘이 출애굽 하여 광야 생활을 견뎌낸 이유는 오직 약속의 땅, 가나안에 들어가기 위해서였습니다. 가나안이야 말로 하나님이 주신 기업이었습니다.

우리는 요단 이쪽 곧 동쪽에서 기업을 받았사오니 그들과 함께

요단 저쪽에서는 기업을 받지 아니하겠나이다(민 32:19)

히브리어로 산업은 '니느할', 기업은 '나할라테누'라고 합니다. 기업이 하늘에 쌓는 것이라면 산업은 땅에 쌓는 것입니다. 산업이 사람이 좋아하는 육적 축복이라면 기업은 하나님이 주시는 영적 축복입니다. 산업은 사람이 이루고 만들어 내는 것이니 하나님의 뜻이 없습니다. 그러나 기업은 하나님의 비전과 뜻이 담겨 있습니다.

말씀에서 산업은 내가 원하는 땅이고 기업은 하나님이 주신 약속의 땅으로 비유되었습니다. 산업은 내가 먹고 살고 내 꿈을 이루는 땅이라면 기업은 하나님의 뜻을 위하여 순종하여 그 뜻을 이루는 땅인 것입니다. 바로 이 기업이 우리에게 진정한 축복을 가져다줍니다. 하나님은 이스라엘 백성에게 먹고 사는 문제를 해결하라고 땅을 주시려는 것이 아니기 때문입니다.

아브람은 25년 동안 아들을 기다렸습니다. 그러나 그 시간은 헛된 시간이 아니었습니다. 그동안 하나님은 아브람을 아브라함이란 이름으로 불리기에 합당한 사람으로 만드셨습니다. 아브람은 아들이라는 산업을 원했지만 하나님은 아브람이 아브라함이 되어 믿음의 조상으로, 하나님의 기업으로 세워지길 원하신 것입니다.

내가 원하는 산업과 하나님이 주시고자 하는 기업 사이에서 우리는 어떤 선택을 해야 할까요? 우리가 오직 믿음으로 살아야 하는 이유는 무엇인가요? 혹시 더 잘사는 산업을 위해서인가요? 우리가 신앙생활을 열심히 하는 이유가 내가 소요하고 싶은 산업이면 안 됩니다. 사람들의 마음을 유혹하여 빼앗는 산업에는 사람의 욕심은 있지만 하나님의 뜻과 비전은 없습니다.

기업에는 하나님의 뜻과 그분의 원하심이 담겨 있습니다. 기업은 영적인 것으로 하나님이 주시는 축복입니다. 우리는 기업의 축복을 받아야 합니다.

룻은 나오미를 따라서 베들레헴을 선택했습니다. 룻이 하나님의 계획을 다 알고 선택했을까요? 그렇지 않을 것입니다. 그러나 그 선택은 참으로 복된 선택이었습니다. 이제 룻은 남편에게 주신 하나님의 기업을 받는 장면이 시작됩니다. 이방 땅에서 잃어버린 축복을 하나님의 약속의 땅에서 되찾게 된 것입니다.

기업 무를 자로 오신 주님

이삭 줍는 현장에 다녀온 룻에게 나오미가 이야기합니다.

나오미가 자기 며느리에게 이르되 그가 여호와로부터 복 받기를 원하노라 그가 살아 있는 자와 죽은 자에게 은혜 베풀기를 그치지 아니하도다 하고 나오미가 또 그에게 이르되 그 사람은 우리와 가까우니 우리 기업을 무를 자 중의 하나이니라 하니라(룻 2:20)

그런데 나오미의 말 중에 이해되지 않는 부분이 있습니다. '보아스가 살아 있는 자와 사망한 자에게 은혜를 베풀 것'이라고 한 말입니다. 살아 있는 자에게 은혜를 베푸는 것은 이해할 수 있지만, 죽은 자, 즉 나오미의 남편 엘리멜렉과 두 아들에게도 은혜를 베푼다는 말이 과연 이치에 맞는 말입니까? 상식적으로 보아스가 룻에게 베푼 은혜는 살아 있는 사람에게 주어지는 축복이지 죽은 자들과는 상관이 없기 때문입니다. 이를 받아들이기 위해서는 "기업을 무를 자 중 하나"라는 말씀을 잘 이해해야 합니다.

'기업 무를 자'는 이스라엘 율법의 '고엘 제도'와 연관이 깊습니다. 히브리어 단어로 '되찾다, 무르다, 구속하다' 등의 뜻을 가지고 있는 이 '고엘'은 하나님으로부터 받은 기업을 계속해서 보존하는 과정 가운데 부당한 피해를 입었을 때, 이를 보상하기 위해서 마련된 제도입니다. 예를 들어 형제가 자손 없이 죽으면 가장 가까운 형제가 그의 아내와 결혼하여 대를 잇게 하거나, 가까운 친적이 가난하여 팔아 버린 땅을 다시 찾아 주는 것입니다. 또 친족이 억울하게 죽었다면 그 살해자를 찾아 복수를 해주기도 했습니다.

그러나 아무나 기업 무를 자가 될 수 있는 것은 아니었습니다. 먼저 혈연관계 또는 친족 관계여야 하고 자원해야 했습니다. 그리고 의무를 감당할 만한 능력을 갖추고 있어야 했습니다.

나오미와 룻은 자식도 없이 남편들이 죽어 기업이 끊어졌습니다. 결국 그들은 기업 없는 자로 전락해야 할 운명이었습니다. 애초에 이 가정에 심긴 하나님의 섭리, 언약도 끊어질 형편이었습니다. 미래의 소망이 없어졌습니다.

그 암담한 상황에서 나오미는 자신들에게 은혜를 베푼 보아스를 자기 가문의 기업을 되찾아 주고 갚아 줄 자로 봤습니다. 이것이 바로 살아 있는 자와 사망한 자에게 베풀어질 '기업 무를 자의 은혜'입니다.

이제 나오미와 룻은 보아스, 즉 자신들의 기업 무를 자의 은혜로 오늘은 물론 내일 일을 염려하지 않아도 되었습니다. 보호하심과 흘려주시는 은혜가 있었습니다. 미래의 축복이 섭리 가운데 준비되고 있었습니다. 보아스를 통해 아무 희망이 없던 그들의 기업이 온전히 회복된 것입니다.

보아스와 룻의 이야기는 오늘을 살아가는 성도들의 구원과 회복에 관한 이야기입니다. 기업 무를 자 되는 보아스는 예수님을 예표하고 있습니다. 예수님을 일컬어 '살려 주는 영'이라고 하고 인간은 '산 영'이라 합니다. '살려 주는 영'이라는 말은 죽은 자를 살려주는 분이란 뜻입니다. '산 영'이란 오늘은 살아 있지만 사망을 안고 살아가는 자를 말합니다. 그러니 인간은 살았다 하는 이름만 있을 뿐 실상은 죽은 자입니다. 예수님이 살려 주는 영으로 오신 것은 죽은 죄인을 영원히 살려 주시려고 오신 것입니다. '죽은 자'라는 말은 기업이 끊겼다는 말이요, 기업을 잃어버렸다는 말입니다. 보아스가 산 자와 죽은 자에게 기업을 이어 주고자 했던 것처럼 우리 예수님은 산 자와 죽은 자, 우리 모두의 기업을 회복시켜 주십니다.

처음 사람을 하나님의 형상으로 만들다

그렇다면 우리 인간들은 언제 죽은 자가 되어 하나님이 주신 기업을 상실했습니까? 그것을 알기 위해서는 먼저 기업을 상실하기 전인 '창조의 원형'을 살펴봐야 합니다.

> 하나님이 이르시되 우리의 형상을 따라 우리의 모양대로 우리가 사람을 만들고 그들로 바다의 물고기와 하늘의 새와 가축과 온 땅과 땅에 기는 모든 것을 다스리게 하자 하시고(창 1:26)

> 여호와 하나님이 땅의 흙으로 사람을 지으시고 생기를 그 코에 불어넣으시니 사람이 생령이 되니라(창 2:7)

하나님은 먼저 자신의 형상과 모양대로 사람을 창조하셨습니다. 하나님은 그 사람의 코에 생기를 불어넣어 생령이 되게 하셨습니다. 먼저 육적 사람으로 창조된 인간이 생기를 받음으로 영생하는 영적 존재가 되었습니다. 그래서 창조의 원형으로서의 사람은 생령이라 불렸습니다. 영이신 하나님과의 영적 교제를 위해 육적인 몸에 영적인 생명을 담아 인간을 창조한 것입니다.

하나님의 창조물인 사람은 오직 하나님 안에서만이 본질적 가치가 있습니다. 하나님을 떠나면 생령으로서의 가치를 잃어버린 죽은 존재가 될 뿐입니다. 육적인 존재를 넘어 생령이 되었다 했으니 사람은 영적 존재임을 인식하며 살아야 합니다. 그러므로 사람이 영적인 필요를 인식하면서 살아간다는 것이 얼마나 큰 축복입니까? 영적인 사람에게 가장 기본적 필요가 바로 영이신 하나님과 함께하는 것입니다.

완전히 망가지다

> 하나님이 자기 형상 곧 하나님의 형상대로 사람을 창조하시되 남자와 여자를 창조하시고 하나님이 그들에게 복을 주시며 하나님이 그들에게 이르시되 생육하고 번성하여 땅에 충만하라, 땅을 정복하라, 바다의 물고기와 하늘의 새와 땅에 움직이는 모든 생물을 다스리라 하시니라(창 1:27-28)

하나님은 창조의 원형인 사람에게 '생육하라'는 사명을 맡기셨습니다. 곧 자녀를 낳아 기르라는 말입니다. 번성은 그렇게 낳고 기르는 일을 계속함으로 숫자를 더해야 한다는 말이요, 충만은 넘침입니다. 하나님이 원하시는 숫자까지 가득 채워야 한다는 말입니다. 게다가 땅을 정복하고 모든 생물을 다스리라는 사명까지 맡기셨습니다.

> 하나님이 이르시되 내가 온 지면의 씨 맺는 모든 채소와 씨 가진 열매 맺는 모든 나무를 너희에게 주노니 너희의 먹을거리가 되리라 또 땅의 모든 짐승과 하늘의 모든 새와 생명이 있어 땅에 기는 모든 것에게는 내가 모든 푸른 풀을 먹을거리로 주노라 하시니 그대로 되니라(창 1:29-30)

계속해서 하나님은 우리에게 은혜를 베푸십니다. 하나님이 에덴의 풍요를 마음껏 누리게 하신 것입니다. 이 모든 축복과 사명 가운데 창조의 원형에게 하나의 법이 주어졌으니 '선악과의 법'입니다. 창조된 사람에게 주어진 처음 계명입니다.

> 여호와 하나님이 그 사람에게 명하여 이르시되 동산 각종 나무의 열매는 네가 임의로 먹되 선악을 알게 하는 나무의 열매는 먹지 말라 네가 먹는 날에는 반드시 죽으리라 하시니라(창 2:16-17)

처음 사람들인 아담과 하와는 선악과 앞에서 긴장하여 언제나 하나님의 말씀이 생각났을 것입니다. 선악과 앞에서 하나님을 생각하고 인식했을 것입니다. 그런데 어느 날, 사탄의 유혹이 시작되었습니다.

> 그런데 뱀은 여호와 하나님이 지으신 들짐승 중에 가장 간교하니
> 라 뱀이 여자에게 물어 이르되 하나님이 참으로 너희에게 동산
> 모든 나무의 열매를 먹지 말라 하시더냐 여자가 뱀에게 말하되
> 동산 나무의 열매를 우리가 먹을 수 있으나 동산 중앙에 있는 나
> 무의 열매는 하나님의 말씀에 너희는 먹지도 말고 만지지도 말라
> 너희가 죽을까 하노라 하셨느니라 뱀이 여자에게 이르되 너희가
> 결코 죽지 아니하리라(창 3:1-4)

선악과를 먹고 난 후 나타나는 결과에 대해 하나님과 뱀은 서로
다르게 이야기합니다. 하나님은 반드시 죽으리라고 하지만, 사탄은
죽지 않을 거라고 합니다.

그런데 아담은 하나님이 먹지 말라고 경고하신 선악과를 먹었습
니다. 그런데 그 후에 아담이 하나님의 말씀처럼 죽었습니까, 아니
면 사탄의 유혹처럼 살아 있습니까? 선악과를 먹은 아담은 왜 살아
있는데 죽었다는 것일까요? 그렇다면 선악과 앞에서 누가 거짓말
을 한 것입니까?

이 말씀의 비밀을 알기 위해서는 죽음의 단계를 나눌 줄 알아야
합니다. 죽음에는 육신의 죽음, 영적인 죽음, 영원한 죽음이 있습니
다. 육신의 죽음은 육과 영이 분리되는 것으로, 이 땅에서 칠팔십

년을 살고 난 후 맞이하는 육신의 죽음입니다. 영적인 죽음은 하나님과 분리되는 것으로 하나님을 잃어버린 것입니다. 영원한 죽음은 심판대 앞에서 선고받게 될 지옥의 멸망을 말합니다.

즉, 하나님도 사탄도 거짓말하지 않았습니다. 단지 중심이 달랐습니다. 하나님은 영을 중심으로 말씀하신 것이고, 사탄은 육을 중심으로 말한 것입니다. 하나님이 "네가 선악과를 먹으면 정녕 죽으리라"고 하신 것은 영적인 죽음입니다. 사탄이 "너희가 결코 죽지 아니하리라"고 한 것은 육적인 생명입니다. 하나님은 언제나 영을 중심으로 말씀하지만 사탄은 육신을 먼저 생각합니다. 하나님은 육은 무익하다고 하시지만, 사탄은 육부터 살고 봐야 한다며 사람의 마음을 빼앗습니다.

아담과 하와는 사탄의 유혹에 넘어가 선악과를 먹는 바람에 영적으로 사망하고 말았습니다. 그래서 하나님이 주신 모든 기업을 상실했습니다. 창조의 원형으로서 생명을 상실했고, 하나님이 주신 사명, 세상의 모든 것을 다스릴 권세를 상실했으며, 하나님이 주신 축복의 땅 에덴을 상실했습니다. 게다가 영원을 상실한 존재가 되어 버렸습니다.

룻이나 나오미가 그러했듯이 이 사망적 존재들에게 무슨 희망이 있었겠습니까? 살았다 하는 이름은 가졌지만 실상은 죽은 자입니다. 이렇게 모든 인간은 완전히 망가져 버린 자로, 죽은 자로 태어납니다. 창조의 원형으로서의 생명을 상실하고 죄와 사망에 매인 자로 말입니다. 기업 무를 자 되신 예수님이 구속하여 주시지 않으면 아무 희망이 없습니다.

미혹하는 세상 앞에 결단하라

룻의 기업 무를 자 보아스는 예수 그리스도를 예표하고 있습니다. 그의 의무는 잃어버린 자의 기업을 처음보다 더 나은 상태로 회복시켜 주는 것입니다. 즉 우리는 예수 그리스도를 통해 에덴에서 처음 받았던 축복을 회복받게 됩니다. 그렇다면 무엇으로 처음 창조보다 더 나은 상태로 회복시켜 주신다는 것입니까?

> 우리 주 예수 그리스도의 아버지 하나님을 찬송하리로다 그의 많으신 긍휼대로 예수 그리스도를 죽은 자 가운데서 부활하게 하심으로 말미암아 우리를 거듭나게 하사 산 소망이 있게 하시며
>
> (벧전 1:3)

선악과 이후 모든 인간의 가장 큰 문제는 죄와 사망입니다. 이 문제를 해결해 주시기 위해 예수님이 십자가에서 죽임을 당하셨고, 사흘 만에 부활하셨습니다. 그리고 죄와 사망에 매여 살아가는 우리에게 새 생명을 주셨습니다. 처음보다 더 나은 상태로 말입니다.

이렇게 처음 사람이 가지고 있던 창조의 원형으로서의 생명, 즉 죽었던 존재가 다시 살아나는 것을 '거듭남'(Born-again)이라고 합니다. 예수를 믿고 영접함으로 예수 안에 있는 참 생명을 소유하니 이것이 거듭남입니다. 예수님을 영접하고 신앙생활 하는 것은 단순히 착해지는 것과는 다릅니다. 그것은 처음 하나님께서 창조하셨던 창조의 원형으로 회복되어 새로운 생명을 얻는 것입니다. 그러므로 예수 그리스를 영접한 그리스도인은 세상에 속한 사람들과 본질적으로 다릅니다.

세상에 속한 사람이 한 생명의 소유자라면 거듭난 사람은 하나님이 처음 창조하신 사람인 생령, 곧 영적 존재로 회복되기에 두 개의 생명을 소유하게 됩니다. 그러므로 창조의 원형으로 회복된 사람의 삶은 육신적 사람 이상이어야 하는 것입니다.

예수님을 그리스도로 영접했다면 사람 이상의 사람, 곧 영적 존재로 살아야 합니다. 용서를 일곱 번까지 하는 것은 사람으로서 최고의 인격일 수 있습니다. 그러나 사람 이상의 사람은 일흔 번씩 일곱 번이라도 용서해야 합니다. 억울하게 오른편 뺨을 맞으면 "왜 때려?" 하며 따지고 대항이라도 해야 하지만, 생령으로서 영적인 사람이라면 왼편 뺨도 내밀어야 하는 것입니다.

육신적 사람은 미움과 원망의 바다에 빠질 수 있지만, 영적인 사람은 누가 나를 미워한다고 해서, 누가 내게 손해를 입혔거나 나를 억울하게 했다 해서 미움과 원망의 바다에 빠져 허우적대서는 안 되는 것입니다.

세상에 속한 사람들은 영적 생명 없이 육체가 중심이기에 육체적 만족을 위해 살아도 문제가 없습니다. 그들은 윤리적 삶을 살아 낼 수는 있어도 영적인 삶을 살 수는 없습니다. 자신이 죽어 있는 줄도 모르니 육체적 삶으로도 충분히 행복할 수 있습니다. 그러나 곧 육이 죽으면 영원한 죽음, 지옥의 심판에 이르게 됩니다. 문제는 이것을 아무리 설명해도 육신적 사람은 이해할 수 없습니다.

예수 그리스도를 영접한 그리스도인들은 두 번 태어난 사람들입니다. 세상에 속한 사람들과 달리 또 하나의 생명인 영적 생명을 소유한 사람들입니다. 창조의 원형으로 회복되었으니 영원한 지옥 심판이 필요 없습니다.

이런 이야기가 있습니다.

"한 번 나면 두 번 죽고, 두 번 나면 한 번 죽는다."

육신적으로 한 번 태어나면 두 번 죽는 것이니 육신적 죽음과 영원한 죽음 곧 지옥입니다. 두 번 난다는 것은 육신적으로 태어나고, 예수님을 영접하여 거듭났으니 두 번이요, 이때는 육신적인 죽음만 있습니다. 이 말을 성경에서는 이렇게 기록하고 있습니다.

> 예수께서 대답하여 이르시되 진실로 진실로 네게 이르노니 사람이 거듭나지 아니하면 하나님의 나라를 볼 수 없느니라(요 3:3)

이제 거듭난 그리스도인들은 영적 생명 중심의 삶을 살아야 합니다. 육체적 생명만을 가진 사람은 땅의 것으로 충만해야 삶의 가치를 느끼지만 영적 생명으로 회복된 그리스도인들은 영적 충만, 영적인 것을 우선시하는 삶을 살아야 합니다. 육은 육으로 만족하고 영은 영으로 만족하는 것입니다.

거듭난 그리스도인이면서도 혹시 육적 만족에 자신을 내어 맡기고 있지는 않습니까? '나는 누구인가! 나는 누구여야 하는가!'를 잘 인식해야 합니다. 세상은 구원받은 하나님의 자녀를 수단과 방법 가리지 않고 끌고 가려 합니다. 영적인 은혜를 뒤로 하고 세상 재미에 취하게 하려 합니다. 이스라엘 백성이 출애굽 후에도 애굽을 그리워하며 가나안의 축복을 아무것도 아닌 것으로 만들어 버리듯이 말입니다.

온갖 세상이 주는 기쁨은 영적 은혜들을 초라하게 만듭니다. 기도하지 않고는 살 수 없었던 사람을 기도하지 않아도 살 수 있는 사람이 되게 만듭니다. 예배하지 않고는 살 수 없었던 사람을 끌어내려 세상을 예배하게 합니다. 그런 삶은 겉으로만 보면 즐거운 것 같아도 결국은 사탄에게 끌려 다니는 삶입니다. 미혹하는 세상 앞에서 오직 영적인 사람으로 살겠다는 자기 결단이 있어야 합니다.

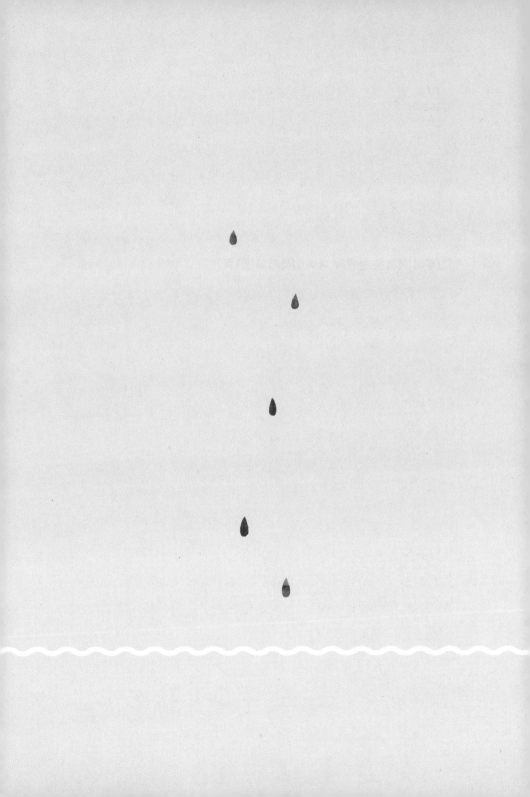

chapter 9

영원한 안식처로 가는 길
(3장 1-5절)

"신부의 예복은 눈물과 피로 얼룩져야 합니다"

나오미는 룻의 결혼을 준비합니다. 비록 며느리는 과부지만 최고의 신랑감인 보아스의 신부로 자격을 갖추게 하는 것입니다. 보아스를 신랑으로 맞을 수 있다면 룻에게 있어 그의 품은 최고의 안식처가 될 것입니다.

참 안식은 예수 안에만 있다

롯의 시어머니 나오미가 그에게 이르되 내 딸아 내가 너를 위하여 안식할 곳을 구하여 너를 복되게 하여야 하지 않겠느냐(룻 3:1)

나오미가 룻을 시집보내려는 곳을 '안식할 곳'이라고 합니다. 그가 룻에게 주고 싶은 것은 안식입니다. '안식할 곳'에 해당하는 히브리어 '마노아흐'는 '안식, 안식처'로 '평화롭고 안정된 생활환경'을 의미합니다. 그러니까 '마노아흐'는 과부 룻이 남편을 얻음으로써 가정을 이루어 안식을 누리는 것을 의미하는 것입니다.

룻이 보아스를 만나지 못하고, 우리가 예수 그리스도를 만나지 못하면 그 어디에도 진정한 안식은 없습니다. 오늘 우리가 살아가는 현실 가운데 참 안식이 있을 수 있겠습니까? 돈, 직업, 결혼, 출세, 여행이 잠시 동안 즐거움을 줄 수는 있겠지만, 진정한 안식이라 할 수는 없습니다. 인생들은 결국 자신이 살아온 삶 앞에서, 스스로 이룬 기념비 앞에서 솔로몬 같은 고백을 하게 될 것입니다.

전도자가 이르되 헛되고 헛되며 헛되고 헛되니 모든 것이 헛되도
다 해 아래에서 수고하는 모든 수고가 사람에게 무엇이 유익한가
(전 1:2-3)

세상에서 욕심을 내는 모든 것들의 결국이 그렇지 않겠습니까?
영원을 잃어버린 인생들에게 이 땅의 그 무엇이 위로가 되고 안식
이 되겠느냐는 것입니다.

온갖 좋은 은사와 온전한 선물이 다 위로부터 빛들의 아버지께로
부터 내려오나니 그는 변함도 없으시고 회전하는 그림자도 없으
시니라(약 1:17)

하늘로부터 오는 은혜들, 그 은혜들의 본체 되신 예수 그리스도
는 회전하는 그림자가 없다고 합니다. 무엇을 뜻합니까? 세상에서
오는 모든 것들은 아무리 좋아 보여도 그림자, 그늘, 어둠과 함께
옵니다. 세상의 것들은 순리적으로 얻어도 그늘이 있는데 욕심으
로 가진 것들은 오죽하겠습니까? 세상에서 완벽한 것이 있겠습니
까? 출세하고 재물을 얻어도 결국 지불해야 하는 대가들이 있는 것
입니다.

젊을 때는 좋은 배우자 만나 자식 낳고 사는 것이 가장 큰 행복
인 줄 알지만 거기에도 지불할 대가가 있습니다. 때로는 남편이 웬

수 같고 자식이 괴물 같아 보일 때가 있습니다. 그렇게 세상에서 얻는 모든 것들에는 그림자, 그늘, 어두움이 함께 담겨 있습니다. 하지만 하늘로부터 오는 은혜들, 그 은혜들의 본체 되신 예수 그리스도는 회전하는 그림자가 없습니다. 예수 그리스도 안에만 참 안식이 있습니다.

주의 신부가 될 준비를 하라

성경은 종종 구원받은 성도를 '신부'로, 예수님을 '신랑'으로 비유합니다. 찬송가 175장은 '신랑 되신 예수께서 다시 오실 때 밝은 등불 들고 나갈 준비 되었느냐'라고 묻습니다.

> 내가 하나님의 열심으로 너희를 위하여 열심을 내노니 내가 너희를 정결한 처녀로 한 남편인 그리스도께 드리려고 중매함이로다 그러나 나는(고후 11:2)

사도바울은 전도사역을 '남편 그리스도께 드리려고 우리를 정결한 처녀로 만들어 중매하는 것'이라고 표현했습니다. 과부 룻이 정결한 처녀일 수 없는 것처럼 우리 또한 정결한 처녀로 불리기에는 너무 흠이 많은 신붓감입니다. 그렇다면 이렇게 부족한 룻이 완벽해 보이는 보아스에게 어떻게 시집갈 것이며, 한없이 부족한 우리가 어떻게 예수 그리스도의 정결한 신부가 될 수 있을까요?

> 그런즉 너는 목욕하고 기름을 바르고 의복을 입고 타작마당에 내
> 려가서 그 사람이 먹고 마시기를 다 하기까지는 그에게 보이지
> 말고(룻 3:3)

룻기의 이 말씀을 우리는 영적으로 이해해야 합니다. 놀랍게도
여기에는 예수 그리스도의 재림을 준비하는 복음의 명령이 담겨
있습니다.

"너는 목욕을 하고"

신랑을 만나기 위해 신부는 몸을 깨끗이 씻어야 합니다. 성경에
서 씻는다는 것에는 몇 가지 종류가 있습니다. 이것을 이해하기 위
해 구약의 제사장 임직 과정을 살펴봅시다.

> 너희가 내게 대하여 제사장 나라가 되며 거룩한 백성이 되리라
> 너는 이 말을 이스라엘 자손에게 전할지니라(출 19:6)

> 오직 너희는 여호와의 제사장이라 일컬음을 받을 것이라 사람들
> 이 너희를 우리 하나님의 봉사자라 할 것이며 너희가 이방 나라
> 들의 재물을 먹으며 그들의 영광을 얻어 자랑할 것이니라(사 61:6)

그러나 너희는 택하신 족속이요 왕 같은 제사장들이요 거룩한 나
라요 그의 소유가 된 백성이니(벧전 2:9a)

그의 아버지 하나님을 위하여 우리를 나라와 제사장으로 삼으신
그에게 영광과 능력이 세세토록 있기를 원하노라 아멘(계 1:6)

구약시대에 제사장을 고르는 가장 중요한 기준은 지식이나 외모
가 아니라 '택함'이었습니다. 대제사장 아론의 후손으로 태어난 사
람이 제사장이 되는 것입니다. 이렇게 택함을 받은 가운데 태어나
서른 살이 되면 정식으로 율법이 요구하고 있는 임직식을 거쳐 비
로소 제사장 사역을 시작할 수 있습니다.

그 임직 과정의 첫 번째 의식은 회막 문 앞에서 모든 백성이 보
는 가운데 대제사장 아론이 그들을 씻기는 것입니다. 그 전에는 제
사장으로서의 옷을 입거나 기름 부으심을 받을 수도 없으며, 성소
에 들어 갈 수도 없습니다. 제사장으로 사역을 감당할 수 없는 것
입니다.

너는 아론과 그의 아들들을 회막 문으로 데려다가 물로 씻기고
(출 29:4)

모세가 아론과 그의 아들들을 데려다가 물로 그들을 씻기고(레 8:6)

중요한 것은 스스로 씻는 것이 아니라 씻김을 받는다는 것입니다. 이 한 번의 씻김은 앞으로 사역을 하는 데 영원한 효력이 있습니다. 또 다른 씻김이 필요하지 않으니 이것이 바로 그리스도인의 거듭남이요 구속의 은혜입니다.

우리도 회개하고 예수 그리스도를 영접하면 죄와 허물이 예수 그리스도의 보혈로 씻어집니다. 그러면 아담이 지은 원죄에서 자유하게 되는 축복을 얻습니다. 룻이 신랑을 만나기 위해 몸을 씻은 것은 영적인 의미로 보면 거듭남의 목욕이었습니다.

두 번째 씻음은 사역을 위한 물두멍에서의 씻음입니다. 이 과정은 처음 회막 문에서 씻김을 받고 제사장 복장을 입고 기름 부으심을 받은 후에 사역을 감당하기 위해 치러집니다. 성막에서 성소, 지성소는 하나님께서 제사장을 만나는 장소로 정하셨습니다. 그런데 첫 번째 씻김 가운데 제사장으로서 모든 자격은 갖추었다 해도 물두멍에서 손발을 씻지 않으면 성소에 들어갈 수가 없습니다.

그러므로 물두멍에서의 씻음은 아무나 누릴 수 있는 것이 아니었습니다. 선택받은 사람들만이 누리는 축복이요 특권입니다. 이것은 지금으로 말하면 거듭난 그리스도인들이 날마다 회개하는 것과 같습니다. 십자가 사역을 앞두신 예수님이 제자들의 발을 씻어 주시는 과정 중에 주신 말씀이 있습니다.

저녁 잡수시던 자리에서 일어나 겉옷을 벗고 수건을 가져다가 허리에 두르시고 이에 대야에 물을 떠서 제자들의 발을 씻으시고 그 두르신 수건으로 닦기를 시작하여… 예수께서 대답하여 이르시되 내가 하는 것을 네가 지금은 알지 못하나 이 후에는 알리라 베드로가 이르되 내 발을 절대로 씻지 못하시리이다 예수께서 대답하시되 내가 너를 씻어 주지 아니하면 네가 나와 상관이 없느니라 시몬 베드로가 이르되 주여 내 발뿐 아니라 손과 머리도 씻어 주옵소서 예수께서 이르시되 이미 목욕한 자는 발밖에 씻을 필요가 없느니라 온 몸이 깨끗하니라 너희가 깨끗하나 다는 아니니라 하시니(요 13:4-5, 7-10)

주님은 베드로에게 '이미 목욕한 자'라고 하셨습니다. 이 말은 이미 거듭났다는 말입니다. 이미 목욕한 자로서 손발을 씻어야 한다는 것 역시 날마다의 회개를 강조한 말씀입니다. 우리가 용서받은 자라는 가장 확실한 증거는 '날마다 회개'를 하는 것입니다. 그렇지 않으면 우리는 주님과 상관이 없습니다.

우리 역시 이미 목욕하고 씻음을 받은 사람들입니다. 처음은 대제사장이 씻어 주시니 바로 대제사장 되시는 예수 그리스도의 은혜입니다. 두 번째 물두멍에서의 씻음도 역시 주님의 은혜입니다. 하나님은 우리가 구원받은 후에도 여전히 죄를 지을 수 있는 약한 존재임을 아시고 물두멍의 씻음을 예비하셨기 때문입니다. 그러나 처음 씻음과 다른 것이 있다면 두 번째 씻음은 자원함이 있어야 한다는 것입니다. 따라서 우리는 성소에 들어가기 전에 물두멍 앞에서 하나님과 교제할 자신을 살펴야 합니다.

구원을 받은 사람은 회개할 필요가 없다는 이단도 있습니다. 그들은 이 두 종류의 씻음을 모르거나 인정하지 않습니다. 기독교인들이 날마다 회개해야 하는 이유는 용서받기 위해서가 아니라 용서받은 자로서의 회개입니다. 이것은 기독교의 엄청난 진리입니다. 기독교는 내가 무엇을 해서 의인이 되거나 무엇을 이루는 것이 아닙니다. 주님이 이루어 놓으신 은혜에 믿음으로 참여할 뿐입니다. 이미 이루어 놓으신 축복을 믿음 안에서 누리는 것이니 이것이 바로 세상이 이해할 수 없는 진리입니다.

우리가 구원을 받기 위해서 교회에 다니는 것이 아닙니다. 이미 구원받은 자로서 교회에 오는 것입니다. 우리가 예수를 믿는 이유 또한 천국에 가기 위해서가 아닙니다. 이미 천국 백성이 되었기에 예수를 믿는 것입니다. 그리스도인들이 왜 더 많이 용서하고 더 많이 사랑하며 살아야 합니까? 더 많은 용서와 사랑을 받은 자이기 때문입니다.

"새로운 의복을 입고"

예수님을 영접한 그리스도인들이 입어야 하는 세 종류의 옷이 있습니다.

첫 번째 옷은 '의의 세마포'입니다. 이 옷은 예수 그리스도 안에서 죄 문제를 해결받은 사람들이 입는 옷으로, '용서받은 받은 자로서의 확신'을 말합니다. 이 의의 세마포를 입은 사람들은 세상과 구별된 자, 새 생명을 얻은 자로서의 분명한 확신이 있습니다. 또한 이들은 십자가 보혈의 은혜를 분명하게 깨달은 사람들입니다.

이 의의 세마포를 입었다는 확신이 있습니까? 내가 의인으로 인침을 받았다는 믿음이 있습니까? 의의 세마포를 입은 자로의 확신이 없다면 아직 구원의 은혜를 입지 못한 것입니다. 교회를 다녔다 해도 아직 믿음 안에서 죄 문제를 해결하지 못했기 때문입니다.

대표적인 사람이 누가복음 16장에 있는 부자와 나사로의 비유에서 어리석은 부자입니다. 부자는 하나님도 알고 아브라함도 알았지만 죄 문제를 해결하지 못해서 지옥에 갔습니다. 요즘으로 치자면 자신은 교회를 다녔지만 회개하지 않고 죄 문제를 해결받지 못해 지옥에 와 있다고 고백하는 것입니다. 그런 부자가 자신의 형제들에게 천국에 가기 위해서 회개하라고 이야기합니다.

> 이르되 그렇지 아니하니이다 아버지 아브라함이여 만일 죽은 자에게서 그들에게 가는 자가 있으면 회개하리이다(눅 16:30)

마태복음 22장에서는 많은 사람들이 주님 잔치에 참여했습니다.

종들이 길에 나가 악한 자나 선한 자나 만나는 대로 모두 데려오니 혼인 잔치에 손님들이 가득한지라 임금이 손님들을 보러 들어올새 거기서 예복을 입지 않은 한 사람을 보고 이르되 친구여 어찌하여 예복을 입지 않고 여기 들어왔느냐 하니 그가 아무 말도 못하거늘 임금이 사환들에게 말하되 그 손발을 묶어 바깥 어두운 데에 내던지라 거기서 슬피 울며 이를 갈게 되리라 하니라 (마 22:10-13)

주님이 초대하는 천국 잔치에 참여하기 위해 '의의 세마포'를 입었습니까? 예복을 입지 않고 잔치에 참여하면 쫓겨나 슬픈 눈물을 흘리게 됩니다.

두 번째 옷은 '사역을 위한 옷'으로 제사장의 사명을 감당하기 위해 입는 옷입니다. 구원받은 그리스도인들은 사명자의 모습을 보여야 합니다. 용서받고 구원받은 것으로 만족해서는 진정한 제사장이라 할 수 없습니다. 사명의 옷을 입어야 합니다. 앞서 은혜를 입은 자로서 그 은혜를 또 다른 사람에게 흘러가게 해야 하는 것입니다.

이 은혜는 곧 나로 이방인을 위하여 그리스도 예수의 일꾼이 되어 하나님의 복음의 제사장 직분을 하게 하사(롬 15:16a)

모든 그리스도인들은 두 번의 부름을 받은 사람들입니다. 먼저는 구원으로, 두 번째는 사명으로 부름을 받는 것입니다. 우리는 신약시대의 제사장입니다. 제사장으로서 사역과 사명을 감당하기 위해서는 단순히 교회 다니는 사람으로 그치는 것이 아니라, 받은 은혜를 갚기 위해 사명의 옷을 입어야 합니다.

세 번째 옷은 '성도의 옳은 행실'입니다.

> 그에게 빛나고 깨끗한 세마포 옷을 입도록 허락하셨으니 이 세마포 옷은 성도들의 옳은 행실이로다 하더라(계 19:8)

> 보라 내가 도둑 같이 오리니 누구든지 깨어 자기 옷을 지켜 벌거벗고 다니지 아니하며 자기의 부끄러움을 보이지 아니하는 자는 복이 있도다(계 16:15)

그리스도인 중에 성도가 아닌 것처럼 벌거벗고 다니는 사람들이 많습니다. 구원받은 그리스도인이면서도 세상 사람들과 같아져 있는 것입니다.

> 그러므로 우리가 믿음으로 의롭다 하심을 받았으니 우리 주 예수 그리스도로 말미암아 하나님과 화평을 누리자(롬 5:1)

신랑은 무엇을 기대할까요? 자신의 신부가 가장 순결하고 예뻐

보이길 바라지 않겠습니까? 재림하신 예수님을 맞을 수 있는 성도는 '옳은 행실의 옷'을 입은 신부들입니다. 2천년 전 예수님은 죄인을 부르러 오셨지만, 다시 오실 예수님은 의인을 부르러 오신다고 했습니다. 이 의의 옷을 입지 못했다면 신랑 되신 예수님이 재림하실 때에 만날 수 없습니다.

예수님이 재림하실 때에 우리가 입고 있는 옷이 깨끗해야 할까요, 더러워야 할까요? 더러워야 합니다. 우리가 입은 의복은 세상 살면서 흘린 피와 눈물로 얼룩져 있어야 합니다. 그것이 믿음을 지켜 낸 흔적입니다.

"기름을 바르고"

씻김을 받고, 제사장 복장을 갖추었으면, 다음으로 기름 부음을 받습니다. 기름 부음을 받는 것은 첫 씻음을 받은 후에 반드시 거쳐야 할 과정입니다.

이것은 곧 성령 충만을 의미합니다. 거듭난 그리스도인들은 구원받은 사람답게, 사명 받은 사람답게 살아 내기 위해서 성령 충만해야 합니다. 성령 충만은 제사장, 사명자들이 사명을 감당하게 하는 능력이요, 의인이라 인침 받은 그리스도인들이 세상에서 의롭게 살아 내게 하는 능력입니다.

이 땅을 살아가는 모든 그리스도인들이 반드시 답해야 할 두 가지 질문이 있습니다. '당신은 구원받았습니까?'라는 질문과, '당신은 성령 받았습니까?'라는 질문입니다.

에베소 교회를 방문한 사도 바울이 가장 먼저 했던 질문은 무엇입니까?

> 이르되 너희가 믿을 때에 성령을 받았느냐 이르되 아니라 우리는 성령이 계심도 듣지 못하였노라(행 19:2)

이 땅을 살아가는 모든 사람들에게 주님께서 가장 주시고 싶은 선물은 구원입니다. 그리고 구원받은 모든 사람들에게 주님이 가장 주시고 싶은 선물은 성령입니다.

> 너희가 악할지라도 좋은 것을 자식에게 줄 줄 알거든 하물며 너희 하늘 아버지께서 구하는 자에게 성령을 주시지 않겠느냐 하시니라(눅 11:13)

주님은 구하는 자에게 성령을 주시겠다고 하십니다. 구원은 값없이 주어지는 선물이요, 성령은 사모하는 자에게 주어지는 선물입니다. 물론 여기에 다른 주장을 하는 신학적 이론도 있습니다. 예수 믿을 때에 우리는 이미 성령을 받았다는 것이라고 말입니다.

그러므로 내가 너희에게 알리노니 하나님의 영으로 말하는 자는 누구든지 예수를 저주할 자라 하지 아니하고 또 성령으로 아니하고는 누구든지 예수를 주시라 할 수 없느니라(고전 12:3)

나도 이 주장에 충분히 동의합니다. 그러나 우리가 사모하는 성령은 나도 모르게 와 있는 성령 말고 나를 흔들어 버리고 내 인생을 흔들어 버리는 성령입니다. 성령은 인격입니다. 인격이 내 삶에 들어오면 많은 것이 달라집니다. 사상과 추구하는 것, 좋아하는 것이 달라집니다. 성령 충만하면 머릿속의 신앙이 가슴으로 내려옵니다. 하늘 신앙을 갖게 됩니다. 예배하는 모습이 달라집니다. 죄와 세상을 이길 힘을 갖고, 그리스도인답게 살아가게 됩니다.

주님의 발치에 누우라

신랑을 맞을 신부의 준비를 마친 룻은 타작마당에 잠을 자고 있는 최고의 신랑감, 보아스를 찾아갑니다.

네가 함께 하던 하녀들을 둔 보아스는 우리의 친족이 아니냐 보라 그가 오늘 밤에 타작마당에서 보리를 까불리라… 그가 누울 때에 너는 그가 눕는 곳을 알았다가 들어가서 그의 발치 이불을 들고 거기 누우라 그가 네 할 일을 네게 알게 하리라 하니(룻 3:2, 4)

신부가 준비를 마치고 타작마당에서 자고 있는 보아스의 발치에 이불을 들고 거기에 눕습니다. 이런 행위는 당시 문화적 배경에서 여인이 청혼하는 방식입니다. 보아스가 '친족, 기업 무를 자, 구속 자'임을 알게 되었기 때문입니다. 이제 룻은 보아스를 통해 누리는 부분적 은혜가 아니라 '보아스'라는 본체를 원합니다.

보아스를 통해 잠깐 누리는 은혜들은 영원한 안식이 될 수 없습니다. 기업 무를 자인 보아스에게 속한 신부가 되어야 참 안식을 얻을 수 있습니다. 마찬가지로 예수 그리스도를 통해 얻어지는 부분적 은혜들은 영원한 안식이 아닙니다. 은혜의 본체인 예수 그리스도 안에 참 안식이 있습니다. 따라서 우리는 예수님을 통해 얻어지는 어떤 부분적 은혜가 아니라 은혜의 본체이신 예수 그리스도를 원하는 영성을 구해야 합니다.

오늘도 본체이신 예수 그리스도를 원하고 있습니까? 예수님의 제자들은 예수님을 통해 받고 싶은 것들을 욕심내는 어리석은 모습을 보였습니다. 하지만 성령 충만을 받은 후에는 오직 예수님만 원하며 "사나 죽으나 우리가 주의 것이로다"(롬 14:8)라고 노래했습니다.

보아스의 발치 이불을 들고 그 옆에 눕는 룻을 보세요. 보아스라는 신랑에게 '뜻대로 하소서' 하고 자신을 드리니 이것이 은혜 입은 자, 앞으로 은혜를 입을 자가 취해야 할 자세입니다. 여기에 자존심 같은 것은 필요가 없습니다. 잃어버린 기업을 회복시켜 줄 예수 그리스도를 원한다면 먼저 나를 예수 그리스도의 발밑에 뉘여야 합니다.

지금 당신은 어디에 마음을 두고 있습니까? 예수님의 발치입니까, 허리입니까, 머리입니까?

chapter 10

신부의 자격
(3장 6-13절)

"허물 있는 자를 신부 삼으십니다"

룻은 목욕을 하고, 새로운 의복을 입고, 기름을 바르고 신랑을 찾아갑니다. 그런데 이렇게 준비했다 하여 룻이 볼질적으로 신분이 달라졌습니까? 여전히 룻은 자격 없는 이방 여인이요, 한 번 결혼했던 과부요, 여전히 가난했습니다. 그렇다면 룻이 무엇으로 보아스의 신부가 될 수 있었겠습니까?

이해되기 전에 먼저 순종했다

룻은 나오미의 권고대로 타작마당으로 내려갔습니다. 그리고 잠을 자고 있던 보아스의 발치에 누웠습니다. 룻도 왜 이렇게 해야 하는지 몰랐습니다. 자신이 성장했던 모압과 전혀 다른 방식이지만 '아멘' 하여 순종했습니다. 이러한 순종은 '부분적 순종'이 아니라 '완전한 순종'입니다.

> 룻이 시어머니에게 이르되 어머니의 말씀대로 내가 다 행하리이다 하니라 그가 타작마당으로 내려가서 시어머니의 명령대로 다 하니라(룻 3:5-6)

의미를 알고 행동하는 것만이 진리는 아닙니다. 사람은 누구나 자신의 울타리 안에서 생각하기에 한계가 있습니다. 인간이 제법 똑똑해서 이해하고 다 아는 것 같지만 그렇지 않습니다.

기독교 복음의 특징 중에 하나가 이유를 알고 순종하는 것이 아니라, 순종을 통해서 그 다음을 알아 간다는 것입니다. 만약에 기독교 복음이 먼저 다 이해하고 받아들이는 것이라면 하늘의 복음이라 할 수 없을 것입니다. 복음이 이해가 가능하다면 상식이니 믿음이 필요 없습니다. 내가 왜 이렇게 해야 하는지 지금은 그 의미를 다 알 수 없지만 우선 순종하면 그 이유를 알 수 있습니다.

우리가 믿는 하나님은 언제나 그 다음의 계획을 가지고 계십니다. 기도의 감동, 용서의 감동, 헌신의 감동, 인내의 감동을 주십니다. 그러므로 순종이 없이는 그 다음에 담겨진 하나님의 뜻과 마음을 읽어낼 수 없습니다.

어떤 분은 이렇게 묻습니다. 성경은 천국을 이야기하는 책인데, 왜 천국 이야기를 자세하게 풀어놓지 않았느냐고 말입니다. 왜 그럴까요? 천국은 인간의 말이나 이성으로 설명할 수 없기 때문입니다. 만약 천국을 인간의 말로 설명할 수 있다면 그것은 천국이 아닙니다. 그래서 사람들은 천국을 소개할 때 고작 황금 길과 황금 집만 이야기합니다. 왜냐하면 황금을 제일 좋아하기 때문입니다.

우리가 예수를 믿어야 할 이유를 믿고 나서야 알게 되는 것과 같은 경우입니다. 예수를 믿기 전에 믿어야 할 이유를 알고 믿는 사람이 어디 있습니까? 모리아 산에서 아들을 제물로 드리는 아브라함과 제단 위의 이삭을 보십시오. 사랑하는 아들 이삭을 번제로 드리라는 하나님의 이해할 수 없는 요구에 순종하는 아브라함도 대단하지만 이삭의 순종은 더욱 놀랍습니다.

아버지 아브라함은 하나님의 음성을 듣고 순종했습니다. 하지만 이삭은 하나님의 음성을 들은 것도, 아버지에게 자세한 설명을 들은 것도 아닙니다. 그러나 오직 순종으로 아버지의 길을 따랐습니다. 거부할 능력이 없어서 그런 것도 아니었습니다. 학자들은 제물로 드려졌을 때 이삭의 나이를 17~25세 정도로 추측합니다. 이삭은 완전한 성인이었고 아브라함은 상대적으로 늙은 아비였으니 거부하려 하면 할 수 있었습니다.

놀랍게도 아브라함과 이삭은 순종하는 가운데 그 다음을 준비하시는 여호와 이레 하나님을 만났습니다. 만약 아브라함이 "사람을 제물로 드리는 것이 이해되지 않는다. 어떻게 사람을 제단에 올리느냐?"고 하며 순종하지 않았다면 평생 여호와 이레의 하나님은 만나지 못했을 것입니다.

룻도 그랬습니다. 룻은 "어머니의 말씀대로 내가 다 행하겠다"고 말하며 나오미의 권고대로 신랑 될 보아스에게 갔습니다. 바로 이 순종이 룻에게 가장 중요한 일이었습니다. 다 이해할 수 없었지만 순종을 통해서 축복과 안식으로 들어간 것입니다. 성숙한 그리스도인의 믿음에는 언제나 순종이 보입니다. 참 신앙의 열매는 더 좋은 선택이 아니라, 인내와 순종으로 맺어집니다.

그러나 안타깝게도 많은 성도들이 순종의 문턱에서 자신의 생각대로 선택하려 합니다. 물론 자유의지로 선택하는 것은 창조된 인간에게 기본적으로 주어진 축복입니다. 문제는 어리석은 인간의 죄성으로 감히 하나님의 말씀도 선택하려 한다는 것입니다. 순종의 문제를 선택의 문제로 접근하는 것입니다. 다시 말하지만 참 신앙은 더 좋은 선택으로 맺어지는 열매가 아니라, 인내와 순종으로 맺어지는 열매입니다. 더 좋은 선택에 행복이 있는 것이 아닙니다.

사람이 마음으로 계획할지라도 그 걸음을 인도하시는 분은 하나님입니다. 사람의 생각과 계획, 선택은 결코 완벽하지 않습니다. 어릴 적부터 성장하는 과정 중에 제법 똑똑해져서 학교를 선택하고 전공을 선택하고 직장을 선택했다고 그 모든 것이 완벽했습니까? 사업한다고 선택하고 결정했던 것들이 완벽했습니까? 다 쏟아 놓고 나서야 '이게 아니었구나' 깨닫게 되는 것입니다.

인생을 살아가면서 나이가 들면 누구나 인정하는 것이 있습니다. '세상에 내 맘대로 되는 것이 없구나' 하는 것입니다. 내가 이렇게 저렇게 하면 배우자를 변화시킬 수 있을 것이라고 생각하지만, 한 몸 같은 배우자조차도 내 생각처럼 바뀌지 않습니다.

사람들은 이런저런 선택을 내가 잘 할 수 있다고 생각합니다. 대표적으로 배우자를 선택할 때 그럽니다. 우리 교회에 선을 100번 보고 배우자를 선택한 자매님이 있습니다. 그러다가 조건도 괜찮고 외모도 준수한 형제님을 만났고, '이 사람이다!' 하는 생각에 결혼을 했습니다. 그런데 살다 보니 성격이 안 맞아도 이렇게 안 맞을 수가 없는 겁니다. 매일같이 싸우기만 반복하다가 이제는 지쳐

싸우기조차 하기 싫어질 정도가 되었다고 합니다.

인간의 선택은 완벽할 수 없습니다. 성경 진리 외에 누가 '나같이 살아보라'고 외칠 수 있겠습니까? 이것이 말씀 앞에서 나를 부인하고 날마다 나를 쳐서 복종시키며 내 생각, 내 계산을 굴복시켜야 하는 이유입니다.

예수님도 십자가를 거절하고 싶은 자신의 생각을 이겨 내고 순종함으로 십자가를 지셨습니다. 성경의 모든 기적과 축복은 순종을 통해서 일어난 역사입니다. '항아리에 물을 채우라, 떠서 갖다 주어라, 여리고 성을 돌아라, 요단강에 가서 일곱 번 씻으라!' 이해할 수 없는 하나님의 요구에 먼저 순종하고, 그 순종의 이유를 깨달아 가는 것입니다. 순종 없이는 그 다음에 담겨진 하나님의 섭리를 깨달을 수 없습니다. 순종은 저절로 되는 것이 아닙니다.

그가 아들이시면서도 받으신 고난으로 순종함을 배워서(히 5:8)

예수님도 순종을 배우셨습니다. 하물며 우리가 순종을 몰라서야 되겠습니까? 우리는 인간의 생각으로 한 생각이 꼭 삶에 유익한 것만이 아님을 살아가면서 깨달아야 합니다. 주님의 말씀 앞에 순종하는 것이 축복이고 능력입니다.

타작마당에서 잠을 자고 있던 보아스가 발치에 누운 룻을 보고 놀라 "네가 누구냐" 묻습니다.

이르되 네가 누구냐 하니 대답하되 나는 당신의 여종 룻이오니 당신의 옷자락을 펴 당신의 여종을 덮으소서 이는 당신이 기업을 무를 자가 됨이니이다 하니 (룻 3:9)

룻은 자신의 허물을 덮어 줄 은혜를 필요로 했습니다. "당신의 옷자락을 펴 덮어 주십시오"라는 말은 "나를 당신의 아내로 삼아 주십시오"라는 부탁이 아니라 "나는 당신의 아내가 되어야 합니다"라는 적극적인 믿음의 표현입니다.

또한 이 말에는 "당신이 나를 은혜로 덮어 주지 않으면 나는 당신의 아내가 될 자격이 없습니다"라는 뜻도 담겨 있습니다. '당신의 여종'은 히브리어로 '아마'라고 하는데, 이는 남자를 경험한 허물이 있는 여자를 말합니다.

룻은 지금 보아스에게 허물이 있는 죄인의 모습으로 나아갔습니다. "나는 정결한 처녀가 아니고 수치가 많은 여자입니다. 그러니 당신의 옷자락으로 나를 덮어 주소서"라고 말합니다. 우리가 구원을 받고 거듭났지만, 여전히 은혜를 필요로 하는 것과 같습니다.

구원받은 성도는 은혜를 입고 은혜를 먹으며 은혜 안에서 사는 존재들입니다. 이미 목욕했지만 날마다 손발을 씻는 회개가 필요한 것처럼, 우리가 보혈의 은혜로 구원을 받았지만 삶에서 날마다의 은혜가 필요한 것입니다. 날마다 덮어 주심의 은혜가 아니면 우리가 어떻게 하나님의 아들, 딸이라 할 수 있겠습니까? 덮어 주심의 은혜가 아니면 어떻게 설교자로, 예배자로, 예배를 섬길 수 있겠습니까?

오늘도 우리는 거듭난 주의 백성으로 회개하며 주님 앞에 나옵니다. 날마다 우리는 이렇게 덮어 주심의 은혜를 사모하며 "주님 저 또 왔어요. 오늘도 이렇게 망가진 모습으로 나왔네요. 주님 제 욕심에 사로잡혀 세상에 속아서 살았어요"라고 고백해야 합니다.

그리스도인이 은혜를 필요로 하는 이유는 더 큰 부자가 되고 더 큰 축복을 받기 위해서가 아닙니다. 거룩하신 하나님 안에 거하고, 신랑 되신 예수의 신부로 살아가기 위해서입니다. 영적 생명이 회복된 그리스도인으로서 영이신 하나님과 교제하기 위해서는 은혜가 필요합니다.

또한 룻이 "당신이 기업을 무를 자가 됨이니이다"라고 한 말은 "당신은 나의 기업 무를 자니 나를 책임지셔야 합니다. 나는 당신이 아니면 아무 희망이 없는 사람입니다"라는 말입니다. 보아스에게 자신의 잃어버린 기업을 회복시켜 주어야 할 고엘로서 사명을 다하라는 것입니다. 룻이 이렇게 당당하게 요구할 수 있는 이유가 무엇입니까? 보아스는 룻의 잃어버린 영적, 육적 기업을 회복시켜 주어야 할 기업 무를 자였기 때문입니다.

놀랍게도 룻은 이제 "나는 모압 여인입니다"라고 말하지 않습니다. 자격 아닌 자격을 갖춘 자이지만, 당당하게 믿음으로 요구합니다. 그러자 보아스는 룻을 책망이 아니라, 축복의 말로 격려했습니다.

> 그가 이르되 내 딸아 여호와께서 네게 복 주시기를 원하노라 네가 가난하건 부하건 젊은 자를 따르지 아니하였으니 네가 베푼 인애가 처음보다 나중이 더하도다(룻 3:10)

룻은 육신의 정욕으로 보아스를 찾지 않았습니다. 세상이 주는 안식을 얻으려고 찾아온 것이 아니었습니다. 만약에 육적 축복이 중요했다면 힘 있고 근사한 젊은 남자를 찾아갔을 텐데 보아스를 찾아 온 것은 잃어버린 영적 기업의 회복을 더 중요하게 여겼기 때문입니다.

허물 있는 우리를 신부 삼으신다

한 권사님이 눈물을 흘리면서 나에게 전화를 했습니다. 무슨 일인가 이야기를 들어 보니 그 눈물은 기쁨의 눈물이었습니다. 고등

학교 교사인 딸이 "하나님이 나를 만나 주셨어. 이제 더 이상 엄마의 하나님이 아니라 내 하나님이야. 그동안 나 교회 다니도록 인도해 줘서 고마워"라고 말했다는 것입니다. 자신의 삶에 담겨진 하나님의 원하심을 알게 된 것입니다.

우리가 어떤 선택을 하는지, 어떤 마음으로 교회에 오는지 세상은 몰라도 우리 주님은 다 아십니다. 우리가 하루하루 믿음을 지켜내는 것을 주님께서 아시는 것입니다. 이제 보아스는 룻에게 아주 중요한 말을 합니다.

> 그리고 이제 내 딸아 두려워하지 말라 내가 네 말대로 네게 다 행하리라 네가 현숙한 여자인 줄을 나의 성읍 백성이 다 아느니라 참으로 나는 기업을 무를 자이나 기업 무를 자로서 나보다 더 가까운 사람이 있으니(룻 3:11-12)

보아스는 기업 무를 자의 사명을 감당해야 하지만, 보아스보다 더 가까운 친척, 기업 무를 자가 있다는 것입니다. 앞선 기업 무를 자가 그 의무를 포기하지 않으면 자신이 기업 무를 자가 되어 줄 수 없다는 것입니다.

> 이 밤에 여기서 머무르라 아침에 그가 기업 무를 자의 책임을 네게 이행하려 하면 좋으니 그가 그 기업 무를 자의 책임을 행할 것

이니라 만일 그가 기업 무를 자의 책임을 네게 이행하기를 기뻐
하지 아니하면 여호와께서 살아 계심을 두고 맹세하노니 내가 기
업 무를 자의 책임을 네게 이행하리라 아침까지 누워 있을지니라
하는지라(룻 3:13)

앞선 기업 무를 자가 책임을 다하면 좋겠지만, 그가 거절하면 보
아스가 그 책임을 이행하겠다고 합니다. 룻에게 기업 무를 자의 책
임을 약속하는 보아스는 예수님을 예표한다고 했습니다. 그렇다면
우리 성도들에게 있어 영적 의미에서 예수님보다 앞서 기업 무를
자가 있다는 말이 무엇입니까?

그것은 바로 '율법'을 말하는 것입니다. 율법은 하나님께서 그의
백성에게 주신 선물입니다. 율법을 지켜서 잃어버린 기업을 회복
하라는 것입니다. 율법 안에서 하나님과의 관계를 회복하고 영원
한 천국을 회복하라는 말입니다. 이것이 구약의 이스라엘 백성들
이 율법을 대하는 정신이었습니다.

너희가 성경에서 영생을 얻는 줄 생각하고 성경을 연구하거니와
(요 5:39a)

한 부자 관리가 예수님을 찾아와 "선한 선생님이여 내가 무엇을
하여야 영생을 얻으리이까"(눅 18:18)라고 질문했습니다. 영생에 대

한 질문에 예수님은 "율법을 지키라"고 하셨습니다. 예수님은 부자 관리 앞에서 대표적 율법을 열거하셨습니다.

> 네가 계명을 아나니 간음하지 말라, 살인하지 말라, 도둑질하지
> 말라, 거짓 증언 하지 말라, 네 부모를 공경하라(눅18:20)

예수님 말씀에 이 부자는 어려서부터 율법을 다 지켰다고 말했습니다. 이 말씀 가운데서 주목해야 하는 것은 부자 관리가 영생에 대해서 물은 것입니다. 그 영생을 얻기 위하여 율법을 지켰다고 말했습니다. 그래서 그는 예수님을 만나지 못했고 영생을 얻지 못했습니다.

처음에 하나님의 백성은 율법이라는 남편과 함께 신앙생활을 하게 되었습니다. 문제는 남편이 하나님이 주신 선물이기는 한데, 성도들이 행복하지 않았다는 것입니다. 완벽한 것이 문제였습니다. 율법이라는 기준을 가지고 매사에 지적하니, 하루하루 숨이 막혀 살아갈 수 없었습니다. 이처럼 율법은 법적으로 하나님의 백성으로 선택받은 우리를 꼼짝 못하게 합니다. 율법이라는 신랑 앞에서 보면 우리는 하나님의 백성도, 구원받은 백성도 아닙니다.

그래서 사람들은 만신창이가 되어 버렸습니다. 율법을 지키려 하면 할수록 율법에 얽매였으니, 그 삶의 결국은 사망이었습니다. 그러니 율법이라는 신랑 앞에서 신부의 모습을 포기할 수밖에 없

습니다.

> 우리가 육신에 있을 때에는 율법으로 말미암는 죄의 정욕이 우리
> 지체 중에 역사하여 우리로 사망을 위하여 열매를 맺게 하였더
> 니 이제는 우리가 얽매였던 것에 대하여 죽었으므로 율법에서 벗
> 어났으니 이러므로 우리가 영의 새로운 것으로 섬길 것이요 율법
> 조문의 묵은 것으로 아니할지니라(롬 7:5-6)

율법의 남편이 죽으면 그 율법에서 자유하게 됩니다. 율법의 남편이 죽었으니, 이제 다른 남편, 즉 복음에게로 가는 것이 문제가 되지 않습니다. 율법 앞에서 모든 것을 포기했던 우리가 복음을 만난 것입니다.

그렇다면 그 율법에게서 자유롭게 되는 방법이 무엇입니까? 율법 앞에서 손을 들어야 합니다. 우리 스스로 율법이라는 남편 앞에서 파산 선고를 하는 것입니다. 나는 아무 희망이 없는 존재라고 손을 들고 율법이라는 남편을 포기하는 것입니다.

이렇게 포기하면 그 율법이 우리를 새로운 신랑 되신 예수 그리스도에게 인도합니다. 놀랍게도 예수님은 내게 율법이 아니라, 복음을 가지고 오십니다. 복음 안에서 나를 자유롭게 하시고, 새 생명을 얻게 하사 잃어버렸던 영적 기업을 완전히 회복시켜 주십니다. 오직 신랑 되신 예수 안에 진정한 안식이 있는 것입니다. 모든 것

을 잃어버린 룻이 보아스로부터 안식을 얻듯이 말입니다.

예수님은 어떤 사람을 아내로 맞이하실까요? 예수님을 예표하는 보아스가 그러했듯이 허물이 있는 여자를 아내로 맞아 신랑이 되어 주십니다. 예수님은 "나는 의인을 부르러 온 것이 아니라 죄인을 부르러 왔노라"고 말씀하셨습니다. 복음으로 목욕하고, 성령으로 기름을 바르고, 복음이 입혀 주는 새로운 의복을 입고 다시 오실 신랑을 영접하는 것이 가장 완벽한 신부의 모습입니다. 완벽해서 완벽하다 표현하는 것이 아니라, 신랑 되신 예수 그리스도가 원하는 성도의 모습이기에 완벽하다는 것입니다.

우리는 예수님을 만났습니다. 우리는 더 이상 '율법을 지키지 못하면 어떻게 할까, 내게 자격이 있을까?' 두려워하고 걱정할 필요가 없습니다. 이제 예수님을 붙들고 세상을 이기며 당당하게 살아가십시오. 영적인 것을 품에 안은 사람으로 살아가십시오. 주님 안에 최고의 안식, 최고의 기쁨, 최고의 축복이 있습니다. 그 주님이 "오늘도 수고하고 무거운 자들아 다 내게 오라. 병들었는가, 가난한가, 못 배웠는가? 내 손 잡아라" 하고 말씀하십니다.

복음의 중매자가 돼라

룻에게 있어 보아스와의 만남은 최고의 행운이요, 축복이었습니다. 모든 것을 잃어 삶에 지쳤던 룻이 기업 무를 자 되는 보아스를 어디에서 처음 만났습니까? 이삭 줍는 삶의 현장에서였습니다. 이삭을 줍는 것처럼 일반적 은혜를 받기 위해서는 삶의 현장에서 만나면 됩니다. 그러나 혼인을 위한 만남의 장소는 타작마당입니다. 추수하는 타작마당에서 룻의 고백을 듣고 새로운 신랑이 되어 주니 이것이 구원입니다. 룻은 복음의 옷을 입고 오신 예수 그리스도를 믿고 영접하여 구원을 받았습니다.

예수님은 그 복음으로 남편 다섯에게 버림을 받았던 사마리아 여인에게도 새로운 남편이 되어 주셨습니다. 참 안식, 영원한 안식을 주셨습니다. 그리고 우리에게 영원한 안식을 주시기 위해 재림주로 오십니다. 부활 승천하셨던 예수님은 가셨던 모습 그대로 다시 오실 것입니다.

다시 오실 그날까지 주님은 우리를 향해 어떤 마음을 가지고 계실까요? 오늘도 예수님은 복음으로 더 많은 사람을, 더 많은 죄인을 추수하길 원하십니다. 우리는 나오미처럼 룻과 같은 사람들을 예수님께 보내야 합니다. "예수 신랑을 만나라"고 소개해야 합니다.

우리가 만난 복음을 영생 얻기로 작정된 사람을 찾아 소개하지 않겠습니까? 영적 타작마당에서 우리 주님은 오늘도 룻과 같이 영생 얻기로 작정된 사람을 기다리십니다. 전도는 앞서 구원을 받은 우리의 의무입니다.

내가 하나님의 열심으로 너희를 위하여 열심을 내노니 내가 너희

를 정결한 처녀로 한 남편인 그리스도께 드리려고 중매함이로다

(고후11:2)

바울은 자신의 전도사역을 중매로 표현했습니다. 우리 모두도 어떤 중매자를 통해 예수 신랑 만나 구원을 받았듯이 우리 또한 누군가에게 중매자가 되어야 합니다. 누군가에게 참 안식을 담아 주고자 '복음의 중매자'가 되어 보면 어떨까요? 전도는 순종이 먼저니 순종하시면 그 다음은 성령께서 일하십니다.

PART 4

자격 없는 곳,
예수님의 계보가
시작되다

chapter 11

인생을 반전시키는 만남
(3장 14-18절)

"영원한 안식을 준비하셨습니다"

모압에서 베들레헴으로 돌아온 룻은 이삭 줍는 현장에서 보아스를 처음 만났습니다. 보아스는 룻에게 많은 은혜를 베풀었고, 자신의 식탁에까지 초대했습니다. 그러나 타작마당에서의 만남은 이전의 만남들과는 질적으로 다릅니다. 이전의 만남이 일방적으로 은혜를 입는 정도의 만남이었다면, 타작마당에서는 룻의 인생이 완전히 달라졌습니다. 룻의 인생에 AD와 BC가 나뉠 정도였습니다. 당신은 예수님을 만나고 믿는 가운데 변화되었다는 신앙고백이 있습니까?

아는 것과 만나는 것은 다르다

기독교 신앙의 핵심은 하나님을 아는 지식보다 하나님과의 만남입니다. 성경의 내용을 얼마나 알고 있느냐가 아니라, 성경에서 하나님을 참으로 만났느냐는 것입니다. 물론 하나님을 알고 믿는 믿음도 귀합니다. 그러나 하나님을 만나고 믿는 믿음이야말로 축복 중에 축복입니다.

나는 어릴 적부터 교회를 다녔습니다. 당시 교회에 가면 그 안에 흐르는 말들이 있었습니다. 권사님들로부터 "성령 받아야 한다. 은혜 받아야 한다"는 말, 그중에도 "하나님을 만나야 한다"는 말을 많이 들었습니다. 누군가가 시험에 들거나 교회 나오다가 나오지 않으면 "하나님을 만나지 못해서 그렇다"고 했습니다. 신앙생활에서 문제가 있는 것은 하나님을 만나지 못하였기 때문이라는 것입니다. 당시 하나님을 만나고 경험하고자 하는 것은 모든 성도들의 소망이었습니다.

그렇게 하나님을 만나야 한다고 강조하기에 하루는 권사님들에게 물어보았습니다.

"권사님, 하나님을 만나는 것이 무엇입니까? 하나님을 어떻게 만나야 합니까?"

그러자 권사님은 "나도 모른다. 하나님을 만나면 알게 된다"고 했습니다. 하나님을 만나는 것은 영적인 만남이기에 논리적으로 설명할 수 없습니다. 즉 세상의 방식으로 이해할 수 없었지만, 분명한 것은 하나님을 만난 사람들은 '하나님을 만났다는 자기 확신, 자기 인식'이 있다는 것입니다.

교회에 그냥 다니기만 해서는 안 됩니다. 하나님을 만나고 경험해야 합니다. 세상이 이해할 수 없고, 논리적으로 설명될 수 없는 영적인 만남입니다. 왜 성경에서 성령 충만을 받아야 한다고 강조합니까? 성령을 받고 성령으로 충만하면 세상에서 부자가 되기 때문입니까?

성령 충만이 주는 가장 큰 축복은 하나님을 만나고 경험하는 것입니다. 그리고 성령 충만이 주는 또 하나의 축복은 바로 내가 변화되는 것입니다. 성령 충만은 영이신 하나님과 영적 존재로 창조된 인간이 만나는 원리입니다. 즉 영이신 하나님이 영적 존재로 사람을 창조하셨기에 영적으로 하나님을 인식하는 것입니다. 사람이 육을 추구하면, 육에 매이게 되어 하나님을 느낄 수 없습니다. 하나님을 만나면서 비로소 영적인 사람으로 살아가는 것입니다.

예수님의 열두 제자들은 3년 반 동안 예수님과 함께 동행했습니다. 베드로는 "주는 그리스도시요 살아계신 하나님의 아들이라"는 고백도 했고, 예수님에게 천국 열쇠도 받았습니다. 하지만 예수님께 등을 돌리고 과거로 되돌아갔습니다. 그 이유는 무엇입니까? 신앙고백도 했고 말씀도 받았지만, 하나님을 참으로 만난 것이 아니었기 때문입니다. 성령으로 충만하지 않았기에 육이 이끄는 현장으로 간 것입니다. 그러나 이들은 오순절 다락방에서 성령님을 만난 후 완전히 바뀝니다. 거리에서 담대히 복음을 전하고 주님을 위해 목숨을 아끼지 않습니다. 이처럼 성령 충만은 영이신 하나님과 영으로 만들어진 사람이 만나는 영적 원리입니다.

호랑이를 책에서 만난 사람과 산 속에서 만난 사람 중에 누가 설명을 더 잘 하겠습니까? 책에서 만난 사람이 '얼룩무늬, 발톱, 이빨…'이라고 정확하게 설명할 것입니다. 그러나 산 속에서 호랑이를 만난 사람은 어떨까요? 그는 세세한 설명보다는 놀란 가슴만 쓸어내릴 것입니다.

성경 공부를 많이 하여 '하나님을 더 많이 아는 것'과 '하나님을 만나는 것'은 다릅니다. 하나님을 만나는 원리는 예수 그리스도 안에서 만나는 것이고, 성령 안에서 만나는 것입니다. 이처럼 룻과 보아스와의 만남은 특별한 만남이었습니다.

하나님의 뜻은 은밀하게 담긴다

타작마당에서 룻과 보아스의 만남도 특별했습니다. 보아스는 룻에게 이해하기 어려운 말을 합니다.

> 룻이 새벽까지 그의 발치에 누웠다가 사람이 서로 알아보기 어려울 때에 일어났으니 보아스가 말하기를 여인이 타작마당에 들어온 것을 사람이 알지 못하여야 할 것이라 하였음이라(룻 3:14)

보아스는 "네가 여기 들어온 것을 사람들이 몰라야 한다"고 말합니다. 왜냐하면 이 만남에 담긴 영적 진리를 사람들은 이해할 수 없기 때문입니다. 보아스와 룻의 만남에 어떤 문제가 있어 숨기고자 하는 것이 아닙니다. 세상이 이해할 수 없는 진리가 있기 때문입니다.

마태복음 16장에서 베드로가 위대한 신앙고백을 한 후에 예수님도 비슷한 말씀을 하십니다.

> 이에 제자들에게 경고하사 자기가 그리스도인 것을 아무에게도 이르지 말라 하시니라(마 16:20)

자신을 세상에 나타내기 위해 오신 예수님의 이 말씀이 이해가 됩니까? 예수님을 그리스도로 고백했지만, 아직 때가 되지 않았으니 아무에게도 알리지 말라는 것입니다.

이것은 사람들에게 숨기고자 하심이 아닙니다. 십자가와 부활의 사역을 앞두고 있기에 사람들에게 말하지 말라 하신 것입니다. 구속 사역을 사탄이 방해하지 못하도록 말입니다. 예수님이 십자가에서 죽으심을 사탄이 알게 되면, 그 구속 사역을 방해할 것입니다. 물론 사탄이 방해한다고 해서 예수님의 구속 사역이 완성을 이루지 못하는 것은 아닙니다. 예수님은 이미 십자가와 부활을 통해 구속 사역을 이루시기로 작정하셨습니다. 단지 사탄이 모르는 것 뿐입니다.

사탄은 창조자나 전능자가 아니기에 모르는 것이 있고, 할 수 없는 것이 있습니다. 구속 사역의 방식을 모르는 사탄은 예수님을 십자가의 죽음으로 몰고 갔습니다. 그러고는 자기가 승리한 줄 알았습니다. 하지만 아니었습니다. 고난받으신 분도, 승리하신 분도 예수 그리스도였습니다.

갈대아 우르를 떠나야 했던 아브람에게도 하나님은 목적지를 알려 주지 않으셨습니다. 아브람이 얼마나 막연하고 힘들었겠습니까? 하나님은 물론 아브람의 믿음을 원하기도 하셨겠지만, 정말 중요한 이유는 사탄이 몰라야 했기 때문입니다. 아브람에게 목적지를 알려 주면 사탄도 알게 되어 아브람이 주저앉을 수도 있습니다.

아브람 스스로의 힘으로는 하나님이 원하시는 목적지까지 도착할 수 있는 능력이 없습니다. 갈 바를 모르지만 믿고 떠나면 하나님이 책임져 주시겠다는 하나님의 마음이 담겨 있었습니다.

우리가 기억할 것은 인생 가운데 심긴 하나님의 뜻은 사탄도 모르게 담겨 있다는 것입니다. 사탄은 예수님을 요란하게 십자가에 죽였지만 구속 사역은 은밀하게 완성되었습니다. 구원의 진리는 하나님이 영적으로 계시해 주시지 않으면 알 수 없습니다.

영적 만남은 완전히 뒤바꾼다

자격 없는 룻과 보아스와의 만남은 철저하게 영적인 만남이었습니다. 이 영적 만남을 사람들은 이해할 수 없었습니다. 지난 밤, 보아스와 만나고 집으로 돌아온 룻에게 나오미가 물었습니다.

> 룻이 시어머니에게 가니 그가 이르되 내 딸아 어떻게 되었느냐
> 하니 룻이 그 사람이 자기에게 행한 것을 다 알리고(룻 3:16)

"내 딸아 어떻게 되었느냐?"는 이 나오미의 질문에서 "어떻게 되었느냐"를 주목해야 합니다. 히브리어 원문은 이 구절을 "너는 누구냐"라고 기록하고 있습니다. KJV 성경은 이를 "Who art thou"로 번역했습니다.

나오미가 과연 룻이 누구인지 몰라서 그렇게 질문했겠습니까? 놀라 비몽사몽간에 한 실언입니까? 그렇지 않습니다. 보아스를 만나고 온 룻이 달라진 것입니다. 지난 밤, 보아스를 만나겠다고 가기 전의 룻이 아닙니다. 그래서 "너는 누구냐? 어떻게 이렇게 달라졌느냐?"라고 묻는 것입니다. 보아스와 룻의 만남을 세상이 이해할 수 없는 영적인 만남이라 했습니다. 그런데 놀랍게도 나오미는 이 만남의 축복을 알고 있었습니다.

보아스를 만나기 전 룻은 죽은 자의 아내였는데, 이제 그 죽은 자에게서 자유하여 보아스의 신부가 되었습니다. 이러한 룻의 변화는 모든 그리스도인들이 복음 안에서 소유한 축복입니다. 예수님을 내 마음, 내 삶에 영접함으로 예수님이 내 인생에 들어오신 것입니다.

예수님이 한 사람의 인생에 들어오시면 인생이 BC와 AD로 나뉘듯 그 이전과 이후로 달라집니다. 이것을 룻은 몰랐고, 영적인 사람 나오미는 알았습니다. 이런 변화를 거치면 '땅에 속한 사람'에서 '하늘에 속한 사람'으로, '사탄의 자녀'에서 '하나님의 자녀'로 신분이 달라집니다. '육에 속한 사람'에서 '영에 속한 사람'이 되고, '지옥에 속했던 사람'이 '천국 백성'이 되는 것입니다.

그런데 신기하지 않습니까? 보아스와의 만남으로 입은 은혜들을 룻이 아직 모르고 있으니 말입니다. 이것이 기독교의 또 하나의 특징입니다. 우리가 받은 은혜, 받은 영적인 축복들은 미리 깨달아 알고 받은 것이 아닙니다. 알지 못하는 가운데 은혜를 입고, 그 받은 은혜들을 하나씩 깨달아 알아가는 것입니다.

우리가 기도원에 가서 말씀을 듣고 은혜 받을 때, 사실은 하나님의 은혜를 새롭게 받는 것이 아닙니다. 우리가 예수님으로부터 이미 받은 엄청난 은혜를 기도하고 말씀을 듣는 가운데 하나씩 깨닫는 것입니다. 그 은혜와 사랑을 깨달아 가면서 감격합니다.

'내가 죄와 사망 가운데서 구원받은 사람이었구나! 내가 지옥 백성에서 천국 백성이 되었구나! 내가 용서받은 사람이 되었구나! 내가 율법에서 자유로운 사람이 되었구나!'

하나님의 엄청난 은혜를 깨닫고 있습니까? 우리가 알든 모르든 우리는 이 놀라운 은혜와 사랑 안에 있습니다. 언제인가 그 사랑을 깨닫게 되는 날 앞선 믿음의 선배들이 그러했던 것처럼 감격하게 될 것입니다. 하나님이 나를 이만큼 사랑해 주셨느냐고, 하나님이 내게 이만큼 은혜를 베풀어 주셨느냐고 감격의 눈물을 흘리게 될 것입니다.

기독교를 핍박하고 저주하는 사람들은 사람이 나빠서가 아니라,

하나님의 사랑을 깨닫지 못하였기 때문에 그렇게 행동하고 말하는 것입니다. 더 안타까운 것은 하나님의 사랑과 은혜를 깨닫지 못하면 사탄에게 이용당하게 됩니다. 거듭나기 전 바울처럼 말입니다. 그가 성경을 몰라서 그리스도인을 핍박했겠습니까? 그는 가말리엘 문하에서 수학한 사람이요, 율법을 연구하고, 다 외운 사람입니다. 그러나 그는 율법은 알았지만 거기에 담긴 영적 비밀을 알지 못했습니다.

이런 말이 있습니다.

"우리는 성경을 믿는 것이 아니라, 성경이 말하는 것을 믿는다."

그러므로 성경을 외우고 있다 해도 성경이 말하는 뜻을 모르면 성경을 아는 것이 아닙니다.

> 너희가 성경에서 영생을 얻는 줄 생각하고 성경을 연구하거니와 이 성경이 곧 내게 대하여 증언하는 것이니라(요 5:39)

모든 성경은 예수님을 말씀하고 있습니다. 성경이 아브라함을 이야기하고 모세를 이야기하지만 이 모든 것 역시 예수님을 말씀하기 위한 것입니다. 그래서 아브라함의 이야기, 다윗의 이야기를 통해 예수 그리스도를 만나야 합니다. 그들의 이야기를 아는 것으로 만족해서는 안 됩니다. 예수님을 기록한 성경에서 그분을 보지 못하고 만나지 못했다면 성경을 제대로 아는 것이 아닙니다. 성경은 육적으로 해석할 수 있습니다. 그래서 이단들은 성경의 상징들을 자의적으로 해석합니다.

유대인들이 옛날이나 오늘이나 여전히 안타까운 이유가 바로 이것입니다. 그들은 율법을 연구하고, 율법적 삶을 살아가지만 성경에서, 율법에서 말하는 예수님을 모르고 있습니다. 율법이 무엇을 말하고 있는가를 깨달아 알게 된 바울의 말이 있습니다.

> 우리가 이같은 소망이 있으므로 담대히 말하노니 우리는 모세가 이스라엘 자손들에게 장차 없어질 것의 결국을 주목하지 못하게 하려고 수건을 그 얼굴에 쓴 것 같이 아니하노라 그러나 그들의 마음이 완고하여 오늘까지도 구약을 읽을 때에 그 수건이 벗겨지지 아니하고 있으니 그 수건은 그리스도 안에서 없어질 것이라 오늘까지 모세의 글을 읽을 때에 수건이 그 마음을 덮었도다 그러나 언제든지 주께로 돌아가면 그 수건이 벗겨지리라(고후 3:12-16)

예수 그리스도를 만나지 못하고 영접하지 못한 사람들은 성경을 외운다 해도 성경을 아는 것이 아닙니다. 성경 안에서 하나님을 만나고, 예수 그리스도를 만나는 것은 기독교의 본질입니다. 우리가 예수님을 영접했고 예수님의 구속 사역이 자연스럽게 믿어지는 것은 아무에게나 주어지는 축복이 아닙니다. 우리는 '교회 문이 열려 있으니 아무나 와도 좋다. 언제든 누구나 믿고자 하면 믿을 수 있다' 하지만 절대 그렇지 않습니다.

> 또한 우리를 부당하고 악한 사람들에게서 건지시옵소서 하라 믿
> 음은 모든 사람의 것이 아니니라(살후 3:2)

예수님은 약속을 성취하기까지 쉬지 않으신다

보아스를 만나고 완전히 달라진 룻이 보아스와의 관계 가운데 있었던 일을 나오미에게 남김없이 이야기했습니다. 나오미는 그 만남의 축복이 어떤 것인지 알기에 감격했습니다. 룻은 보아스로부터 받은 선물을 나오미에게 전해 주었습니다.

그 선물이란 기업 무를 자로서 죽은 자와 산 자에게 책임을 다해 룻의 잃어버린 기업을 회복시켜 주겠다는 약속입니다. 그 약속과 함께 보아스는 아무도 보지 못하게 룻에게 보리 여섯 되를 겉옷에 담아 주었습니다.

> 보아스가 이르되 네 겉옷을 가져다가 그것을 펴서 잡으라 하매
> 그것을 펴서 잡으니 보리를 여섯 번 되어 룻에게 지워 주고 성읍
> 으로 들어가니라(룻 3:15)

룻이 보아스로부터 받은 보리 여섯 되를 계시적 비밀이라 하는

데 그 이유가 무엇입니까? 진리는 진리인데 하나님이 알게 하지 않으면 알 수 없는 진리라는 것입니다. 놀라운 것은 나오미는 보아스가 룻에게 준 보리 여섯 되의 의미를 대뜸 알았습니다. 그래서 나오미는 의미심장한 말을 룻에게 합니다.

> 이에 시어머니가 이르되 내 딸아 이 사건이 어떻게 될지 알기까지 앉아 있으라 그 사람이 오늘 이 일을 성취하기 전에는 쉬지 아니하리라 하니라 (룻 3:18)

나오미는 보아스가 이 사건을 어떻게 성취하는지 그때까지 기다리자고 합니다. 가만히 있으면 보아스가 약속한 것을 성취하기 위해 쉬지 않고 동분서주할 것이라는 말입니다.

많은 성경 연구가들은 보아스가 룻에게 준 보리 여섯 되의 의미를 안식년을 준비하는 기간으로 해석합니다. 장차 예수님께서 엿새 동안 일을 마치고 일곱째 되는 날에 주어지는 천국에서의 안식을 상징적으로 말해 준다고 해석하는 것입니다. 이스라엘의 안식년 규례에 따르면 6년은 봉사의 기간이요, 7년째 되는 해에는 안식과 해방의 기간입니다. 그러므로 보아스가 룻에게 보리 여섯 되를 주었다는 것은 수고와 노역의 기간이 이제 모두 끝났음을 암시합니다.

우리 그리스도인들에게 안식년은 천국에서의 안식을 예표하고 있습니다. 그러니 보리 여섯 되는 천국에서의 안식을 기다리며 삶을 살아 내야 하는 기간을 말합니다. 보리 여섯 되의 기간은 엿새를 의미하는데, 엿새가 지나면 룻에게 기업을 잇게 되는 일이 실제로 일어날 것이니 그날이 안식의 날입니다.

그리스도인들이 사모하는 참 안식은 무엇입니까? 바로 예수님이 재림하시는 날, 우리가 육신의 장막을 벗고 예수님 품으로 가는 것입니다. 그러므로 우리가 살아가는 날들은 엿새 속에 포함된 날들입니다. 이 엿새 동안은 주님이 주신 안식을 사모하며 수고하고 땀 흘려야 합니다. 주님께서 약속하신 천국의 기업을 기다려야 합니다.

나오미는 룻에게 "보아스가 그 모든 일을 다 하고 나면 너를 부를 것이다. 그러니 너는 그때까지 믿음으로 기다리면 된다"고 했습니다. 우리도 이 약속을 받은 자로서 예수님이 약속을 성취하시는 과정 가운데 믿음으로 살면서 기다리면 됩니다. 그리고 마침내 우리는 천국에서 모든 인생의 수고와 짐을 다 내려놓고 영원히 안식할 것입니다.

룻이 살던 구약시대와 오늘날의 차이가 무엇입니까? 구약시대는 복음이 완성되지 않았을 때입니다. 그래서 그때는 완성된 복음을 믿고 구원을 받은 것이 아니라, 앞으로 이루어질 복음을 믿고 구원을 받았습니다. 하지만 지금은 이미 완성된 복음의 시대에 살아가고 있는 것이니, 우리는 이미 완성된 복음을 믿고 구원을 받는 것입니다.

분명한 것은 앞으로 이루어질 복음이나 이미 완성된 복음이나 믿음으로 구원을 받는 것입니다. 앞으로 완성되어질 복음을 믿고 구원받는다는 말씀을 이해할 수 있습니까? 사실 시간과 공간 안에서 살아가는 사람으로서 영원의 진리를 품는 것은 믿음이 아니면 어려운 일입니다. 육은 시간과 공간의 지배를 받는데, 우리가 믿는 삼위 하나님은 시간과 공간을 초월하신 전능자요, 영원자요, 무소부재 하십니다. 그러기에 하나님을 영으로 믿어야 하는 것입니다.

요한복음 8장에서 예수님과 그 마음에 수건이 덮인 가운데 율법에 매여 살아가는 유대인들이 나눈 변론을 살펴봅시다.

> 너희 조상 아브라함은 나의 때 볼 것을 즐거워하다가 보고 기뻐하였느니라(요 8:56)

예수님은 아브라함이 예수님이 이루실 십자가와 부활의 복음을 보고 즐거워하고 기뻐했다고 말씀하십니다. 여기에 분노한 유대인들은 뭐라고 합니까? 그리고 분노한 유대인들의 질문에 대한 예수님의 답변은 무엇입니까?

> 유대인들이 이르되 네가 아직 오십 세도 못되었는데 아브라함을 보았느냐 예수께서 이르시되 진실로 진실로 너희에게 이르노니

아브라함이 나기 전부터 내가 있느니라 하시니(요 8:57-58)

예수님은 시간과 공간을 초월하신, 영원하신 분입니다. 그래서 아브라함이 나기 전부터 "내가 있었느니라"가 아니라 "내가 있느니라"라고 말씀하십니다. 그 영원자 되시는 예수님은 십자가와 부활을 위해 쉬지 않으셨습니다. 앞선 기업 무를 자로서 율법의 요구를 만족시키시고, 복음을 완성하시기 위해서입니다. 이것이 쉬지 않고 복음이 복음 되게 하시는 예수 그리스도의 사역입니다.

chapter 12

내 기업 무를 자의 희생

(4장 1-6절)

"우리의 구원은 '예수님짜리'입니다"

룻에게 기업 무를 자가 되어 주겠다고 약속한 보아스는 분주하게 움직였습니다. 보아스가 제일 먼저 한 일은 무엇입니까?

> 보아스가 성문으로 올라가서 거기 앉아 있더니 마침 보아스가 말하던 기업 무를 자가 지나가는지라 보아스가 그에게 이르되 아무 개여 이리로 와서 앉으라 하니 그가 와서 앉으매(룻 4:1)

보아스는 룻에게 약속한 일을 해결하기 위해 성문에 올라갔습니다. 성문은 유다 백성들이 소송이나 기타 어려운 문제들을 판단하고 해결하기 위해 모이는 곳이었습니다. 또 성문이기에 많은 사람이 왕래하는 곳이기도 했습니다. 보아스가 성문에서 회의를 소집한 것은 많은 증인들 앞에서 룻의 기업 무를 자가 되고자 한 것입니다.

구원은 거저 오지 않았다

보아스는 특별히 성읍 장로 십 인을 청하여 기업 무를 자로서 공적인 인정을 받고자 했습니다. 기업 무를 자로서의 약속을 지키기 위해 성읍 장로들을 청하는 일이 그리 쉽지는 않았을 것입니다. 그러나 보아스는 신중하게 일을 처리해 나가기 시작했습니다.

보아스는 앞서 기업 무를 자의 자격을 가지고 있는 친족을 불렀습니다. 율법에 따르면 가장 가까운 친족이 대신 값을 지불하고 그들의 원래 잃어버린 기업을 되찾아 줄 의무가 있습니다. 그래서 보아스는 그에게 우선권을 주며 "무르려면 무르라"고 했습니다.

> 만일 네 형제가 가난하여 그의 기업 중에서 얼마를 팔았으면 그에게 가까운 기업 무를 자가 와서 그의 형제가 판 것을 무를 것이요(레 25:25)

보아스는 공적으로 장로들 앞에서 '앞선 기업 무를 자'의 의향을 물었고, 그 사람은 처음에는 자기가 기업을 무르겠다고 했습니다. 나오미가 늙었으므로 그 잃어버렸던 기업들이 엘리멜렉의 후손에게 돌아가지 않고 자기 소유가 될 것이라고 생각했기에 철저히 이기적인 계산으로 기업을 무르겠다고 한 것입니다. 하지만 보아스는 기업 무를 자의 사명은 철저하게 자신이 희생을 해야 감당할 수 있다며 기업 무를 자에게 고엘 제도의 분명한 원리를 이야기합니다.

> 보아스가 이르되 네가 나오미의 손에서 그 밭을 사는 날에 곧 죽은 자의 아내 모압 여인 룻에게서 사서 그 죽은 자의 기업을 그의 이름으로 세워야 할지니라 하니(룻 4:5)

보아스는 룻을 상기시키면서 그 집안의 대를 이어가야 할 것이라고 말해 줍니다. 욕심과 이기적인 생각으로는 기업 무를 자가 될 수 없다는 것을 알려준 것입니다. 그러자 앞선 기업 무를 자는 자신의 자격을 포기하고 맙니다.

> 그 기업 무를 자가 이르되 나는 내 기업에 손해가 있을까 하여 나를 위하여 무르지 못하노니 내가 무를 것을 네가 무르라 나는 무르지 못하겠노라 하는지라(룻 4:6)

이름 없는 친족은 룻과 결혼하여 기업을 이어 주는 것이 자기에게 유익이 없음을 알았습니다. 엘리멜렉의 후손들을 위하여 자기 희생을 하고 싶지 않았던 것입니다. 친족의 기업을 이어 주는 것은 하나님의 뜻이지만, 자기에게 유익이 없다 싶으니 거절한 것입니다. 그래서 결국 보아스가 공적으로 기업 무를 자로서의 자격을 가지게 되었습니다. 보아스는 룻에게 약속한 것을 지키기 위해 율법의 요구를 만족시키면서 기업 무를 자로서의 자격을 갖게 된 것입니다.

룻의 잃어버린 기업을 회복시켜 구속할 자는 예수님을 예표하는 보아스뿐이었습니다. 우리를 구속할 자, 나의 기업 무를 자, 나의 구원자도 오직 한 분, 하나님의 아들 예수 그리스도뿐입니다. 천하에 다른 이름을 주신 일이 없습니다. 죄와 사망 가운데 살아가는 사람을 구속하는 일은 부처도, 공자도, 마호메트도 할 수 없습니다.

다른 이로써는 구원을 받을 수 없나니 천하 사람 중에 구원을 받을
만한 다른 이름을 우리에게 주신 일이 없음이라 하였더라(행 4:12)

죄와 사망에 매여 있는 인생들의 구원은 그냥 값없이 이루어지
는 것이 아닙니다. 먼저 율법의 요구를 만족시켜야 합니다. 그러기
위해 하나님이 사람의 몸을 입고 예수 그리스도로 오신 것입니다.

아들을 낳으리니 이름을 예수라 하라 이는 그가 자기 백성을 그
들의 죄에서 구원할 자이심이라 하니라(마 1:21)

누군가의 구속을 위한 율법의 요구는 죄의 대가를 지불하는 것
입니다. 누군가가 죄에 대한 형벌과 저주를 대신 받아야만 죄와 사
망으로부터 자유할 수 있습니다. 바로 그 저주와 형벌을 구주이신
예수 그리스도께서 대신 받으심으로 우리는 죄와 사망에서 자유하
게 되어 잃어버렸던 기업인 하나님과의 관계를 회복하고 천국을
품을 수 있게 된 것입니다.

그는 실로 우리의 질고를 지고 우리의 슬픔을 당하였거늘 우리
는 생각하기를 그는 징벌을 받아 하나님께 맞으며 고난을 당한다

하였노라 그가 찔림은 우리의 허물 때문이요 그가 상함은 우리의 죄악 때문이라 그가 징계를 받으므로 우리는 평화를 누리고 그가 채찍에 맞으므로 우리는 나음을 받았도다(사 53:4-5)

우리가 죄와 사망에서 구원을 받은 것은 값없이 받았지만 결코 싸구려가 아닙니다. 우리가 지불할 수 없는 율법의 값을 예수 그리스도께서 대신 치러 주시고 받은 구원입니다. 그래서 우리의 구원은 세상의 값으로 계산할 수 없습니다. 만 원을 주고 옷을 사면 만 원짜리 옷이듯이 우리의 구원은 예수님이 값을 치르고 받은 것이니 '예수님짜리'입니다.

보아스가 기업 무를 자가 되어 주어 룻과 나오미의 삶이 다시 회복되었습니다. 과거는 용서되었고 빚도 청산하여 죽은 이들의 땅도 되찾게 되었습니다. 룻은 더 이상 이삭이나 줍는 가난한 처지가 아닙니다. 이제는 당당한 보아스의 아내요, 추수꾼을 부릴 수 있는 안주인이 되었습니다. 우연히 보아스의 밭으로 인도하셨던 하나님의 섭리가 현실이 된 것입니다. 죽은 자의 기업이 회복되었고 산 자인 두 여인의 미래도 보장되었습니다. 외로움이 사랑으로, 염려가 안식으로 변했습니다. 빈손에서 부요함으로, 절망이 소망으로 바뀐 것입니다.

율법에서 말하고 있는 기업 무를 자, 구속자의 자격은 무엇입니까?

구속자의 첫 번째 자격은 가까운 친족이어야 합니다. 아무나 그 잃어버린 기업을 되찾아 줄 수 있는 것이 아닙니다. 혈육의 관계가 있는 친족이어야 가능합니다. 예수님은 우리의 가까운 친족이 되기 위하여 하늘의 영광을 버리시고 우리와 같은 인간의 모습으로 오셨습니다. 죄인들과 관계가 먼 거룩하신 하나님으로만 계시면 죄인을 구원할 도리가 없습니다. 하나님이 죄인처럼 인간의 몸을 입고 가까이 찾아오셨기 때문에 우리를 구원하실 수 있었습니다.

놀라운 것은 그 예수님이 피를 흘려주셨고, 우리는 그 피를 믿음으로 하나님의 아들이요, 하나님의 장자가 된 것입니다. 하나님이 사람의 몸을 입고 오셔야 했던 이유가 무엇입니까? 율법의 요구대로 제물이 되어 피를 흘려야 하기 때문입니다.

> 자녀들은 혈과 육에 속하였으매 그도 또한 같은 모양으로 혈과 육을 함께 지니심은 죽음을 통하여 죽음의 세력을 잡은 자 곧 마귀를 멸하시며 또 죽기를 무서워하므로 한평생 매여 종 노릇 하는 모든 자들을 놓아 주려 하심이니(히 2:14-15)

구속자의 두 번째 자격은 구속할 능력이 있어야 합니다. 기업을 무를 친족이 값을 지불할 돈을 가지고 있어야 했던 것처럼 우리를 구속하신 주님도 능력이 있으셔야 했습니다. 하나님은 우리를 사랑하사 사람의 몸을 입고 우리의 형제, 하나님의 아들로 오셨을 뿐 아니라, 우리를 구속하시기에 충분한 능력도 소유하고 계셨습니다. 예수님은 사람들과 달리 거룩하신 분으로 죄가 없으셨고, 인간이 잃어버린 모든 것을 회복시켜 주시고도 남을 만큼 하늘의 권세와 부요함을 소유하신 분입니다. 그런 분이 사람의 몸을 입으신 것입니다.

> 기록되었으되 내가 거룩하니 너희도 거룩할지어다 하셨느니라
>
> (벧전 1:16)

이 말씀은 거룩하신 하나님, 죄 없으신 예수님만이 하실 수 있는 말씀입니다. 세상의 그 어떤 종교도 할 수 없는 거룩의 선포입니다.

인간이라면 어느 누구도 해서는 안 되는 말이 있습니다. "내가 하나님이다" 하고 말하는 것입니다. 많은 이단 교주들이 자신이 메시아라 주장하지만, 자신이 하나님이라 하지는 못합니다.

또한 거룩하다고 말할 수도 없습니다. 그들 모두는 죄 가운데서 잉태되어 태어난 죄인들이기 때문입니다. 그러나 우리 예수님은 성령으로 잉태되어 죄 없이 거룩하신 하나님으로 오셨습니다. 이

는 우리의 기업 무를 자가 되어 죗값을 지불하시기 위함입니다.

구속자의 세 번째는 자격은 자원하는 마음입니다. 예수님은 우리를 죄와 사망에서 구원하시기 위해 자원해서 십자가의 길을 가셨습니다. 자원한다는 말은 거절할 수 있다는 말입니다. 예수님은 지불해야 할 대가가 너무도 큰 고통이었기에 처음에는 거절하려는 마음도 있었습니다. 겟세마네 동산에서 하셨던 예수님의 기도가 생각납니까?

> 조금 나아가사 얼굴을 땅에 대시고 엎드려 기도하여 이르시되 내 아버지여 만일 할 만하시거든 이 잔을 내게서 지나가게 하옵소서 그러나 나의 원대로 마시옵고 아버지의 원대로 하옵소서 하시고
> (마 26:39)

예수님은 밤이 새도록 씨름하듯 기도하시는 가운데 자신을 내려 놓으셨습니다. 그 자원함으로 우리가 마땅히 받아야 할 형벌의 고통과 저주를 친히 담당하신 것입니다. 주님이 그 대가를 지불하지 않으셨더라면, 오늘 우리는 결코 구원받을 수 없습니다. 참으로 한 영혼을 천하보다 귀하게 여기시는 예수님의 십자가의 사랑으로 구원받은 것입니다. 그러므로 십자가는 하나님 사랑의 정점입니다.

> 하나님의 사랑이 우리에게 이렇게 나타난 바 되었으니 하나님이

196

자기의 독생자를 세상에 보내심은 그로 말미암아 우리를 살리려 하심이라 사랑은 여기 있으니 우리가 하나님을 사랑한 것이 아니요 하나님이 우리를 사랑하사 우리 죄를 속하기 위하여 화목 제물로 그 아들을 보내셨음이라(요일 4:9-10)

사랑이신 하나님이 십자가에서 최고의 사랑을 보여 주셨습니다. 우리가 하나님의 사랑과 은혜를 받았다 해서 그 사랑과 의미를 다 알고 있는 것은 아닙니다. 그 은혜와 사랑의 깊이를 다 알고 하나님의 사랑과 은혜를 누리는 것이 아닙니다. 날마다 그 은혜와 사랑의 깊이를 깨달아 알아 가는 것입니다.

룻은 보아스에게 큰 사랑을 받았지만, 그 엄청난 사랑과 은혜의 깊이를 다 알지 못했습니다. 룻은 은혜와 사랑 안에 하나님의 미래적 섭리가 담겨 있다는 것도 몰랐습니다. 그러나 보아스에게서 룻이 입은 것은 단순한 은혜가 아니었습니다. 그 삶에 엄청난 예수 그리스도의 복음이 담겨 있었던 것입니다. 룻기는 예수님을 예표하는 보아스에게서 룻이 입은 은혜를 말하며, 그 룻이 바로 우리라고 밝히고 있습니다.

chapter 13

두 사람의 빛과 그림자
(4장 7-12절)

"축복을 거절하지 마십시오"

성경은 율법의 의무를 거절한 사람의 이름을 말하지 않고 있습니다. 반면에 율법의 의무를 충실히 감당한 보아스의 이름은 오늘날까지 회자됩니다. 자기 유익을 위하여 언약을 버린 사람과, 언약을 위하여 자기 유익을 버린 사람의 너무 다른 결말입니다.

기업 무를 자로서 율법의 요구를 거절하면 대가를 지불해야 하는 것도 있지만, 더 중요한 것은 율법이 주는 축복을 거절하는 것이 됩니다. 안타깝게도 이 무명의 사람은 결정적 순간에 너무나 큰 축복을 거절하고 말았습니다. 손해가 날까 하여 율법의 요구를 거절했는데, 오히려 더 큰 손해를 입었습니다. 율법의 요구에 담긴 축복은 기업 무를 자로서의 의무를 다한 보아스의 것이 되었습니다. 그 한 사람이 순종함으로 축복을 누리게 되었습니다. 그렇다면 율법의 요구에 담긴 축복이란 무엇입니까?

영적 축복은 눈에 보이지 않는다

무명의 기업 무를 자는 율법의 요구를 거절하면서 자신이 어떤 축복을 놓아 버렸는지도 몰랐습니다. 보아스 또한 율법의 요구를 순종함으로 받을 축복이 무엇인지 몰랐을 것입니다. 기업 무를 자로서의 의무를 다함으로 주어지는 축복은 보이지 않는 영적인 축복이었기 때문입니다.

영적인 축복은 오늘의 것이 아니라 내일의 것이요, 영원한 것이기에 믿음과 은혜가 아니면 깨달을 수 없습니다. 그래서 사람들은 영적 축복, 영원한 축복을 귀하게 여기지 않습니다.

룻의 기업 무를 자로서 누릴 수 있는 영적 축복이 무엇입니까? 그것은 왕 중의 왕 다윗의 조상이 되는 축복이었습니다. 그리고 더 엄청난 축복이 있습니다.

아브라함과 다윗의 자손 예수 그리스도의 계보라(마 1:1)

그것은 예수님의 족보에 그 이름을 올리는 것이었습니다. 그러나 무명의 기업 무를 자는 그저 오늘의 손해가 두려워 당장의 유익을 선택했습니다. 그것이 영원의 축복을 거절하는 것인지 몰랐습니다. 결국 그는 많은 장로들과 증인들 앞에서 신을 벗었습니다.

옛적 이스라엘 중에는 모든 것을 무르거나 교환하는 일을 확정하기 위하여 사람이 그의 신을 벗어 그의 이웃에게 주더니 이것이 이스라엘 중에 증명하는 전례가 된지라 이에 그 기업 무를 자가 보아스에게 이르되 네가 너를 위하여 사라 하고 그의 신을 벗는지라(룻 4:7-8)

신을 벗는 것은 고대로부터 내려오는 풍습으로서 그 소유권을 양도하는 의식이었습니다. 즉 무명의 기업 무를 자는 자신의 모든 권리를 보아스에게 양도한 것입니다. 야곱과 에서의 이야기가 자연스럽게 떠오르지 않습니까?

야곱과 에서는 한 아버지 이삭에게서 태어난 쌍둥이 형제입니다. 에서는 장자로, 야곱은 차자로 태어나 하루하루 성장했습니다. 그런데 어느 날, 두 형제는 장자권을 두고 거래를 합니다. 사냥을 갔다 온 에서가 배고픔을 이기지 못하고 붉은 죽 한 그릇에 야곱에게 장자권을 팔아 버린 것입니다.

> 야곱이 이르되 형의 장자의 명분을 오늘 내게 팔라 에서가 이르되 내가 죽게 되었으니 이 장자의 명분이 내게 무엇이 유익하리요 야곱이 이르되 오늘 내게 맹세하라 에서가 맹세하고 장자의 명분을 야곱에게 판지라(창 25:31-33)

사실 이 거래는 아주 장난기가 다분한 우발적 거래였습니다. 이렇게 많은 사람들이 신앙생활을 잘 한다고 하면서도 별로 대단치도 않은 것 때문에 넘어지곤 합니다. 있어도 그만, 없어도 그만, 먹어도 그만, 안 먹어도 그만, 즐겨도 그만, 안 즐겨도 그만인 것들로 인해 넘어지는 것입니다.

물론 이 사건으로 에서가 육신적으로 가난해졌거나 출세를 하지 못한 것은 아니었습니다. 문제는 이 작은 거래로 형이 동생이 되었고, 동생이 형이 되었습니다. 야곱과 에서의 미래, 영원을 결정지어

버렸습니다. 에서는 언약의 후손으로서의 축복을 놓아 버렸고, 야곱
은 언약의 후손으로서 영적 축복을 누리게 되어 '아브라함과 이삭
과 에서의 하나님'에서 '아브라함과 이삭과 야곱의 하나님'이 된 것
입니다.

에서는 이 장자의 권리가 주는 축복을 가볍게 여겼습니다. 그는
배고픔이라는 오늘의 현실 앞에서 장자의 명분은 자신에게 아무
유익이 없다고 생각했습니다. 반면에 야곱은 에서가 소홀히 여기
는 장자의 권리를 욕심내었습니다. 에서가 평소 장자의 명분을 귀
하게 여기지 않았기에 벌어진 일입니다.

시간이 흘러 20년 만에 야곱과 에서가 만나고 보니 에서는 최고
의 부자가 되어 있었습니다. 장자의 권리를 넘겨받은 야곱 역시 부
자가 되었지만 에서에게는 상대가 되지 않았습니다. 에서는 사백
명의 장정을 거느릴 정도의 부자였으니(창 33:1) 오늘날로 보면 큰
기업의 회장이 되어 있었던 것입니다.

히브리서 12장은 에서에 대해 이렇게 말합니다.

> 음행하는 자와 혹 한 그릇 음식을 위하여 장자의 명분을 판 에서
> 와 같이 망령된 자가 없도록 살피라 너희가 아는 바와 같이 그가
> 그 후에 축복을 이어받으려고 눈물을 흘리며 구하되 버린 바가
> 되어 회개할 기회를 얻지 못하였느니라(히 12:16-17)

에서가 원하는 것은 가문을 '이어 받는 축복'입니다. 할아버지 아브라함에서부터 하나님의 은혜로 시작된 축복이 아버지 이삭을 통해 자신에게 주어지기를 원했습니다. 나중이 되어서야 무엇이 진정한 축복인지 알게 된 것입니다.

에서가 영적 축복의 가치를 깨달은 '그 후에'는 언제를 말하는 것입니까? 성경은 '부도가 난 후, 병이 난 후'라고 정확하게 말하지 않습니다. 왜냐하면 우리의 인생에 '그 후'가 각자 다르기 때문입니다. 우리가 예수를 믿어야 하는 진정한 이유가 땅이 아니라 하늘에 있다는 것을 언제쯤 알아야 합니까? 제자들은 3년 반 동안 예수님을 따라 다녔지만 이런 사실을 깨닫기까지 오랜 시간이 걸렸습니다.

어떤 신발을 벗을 것인가

육적 축복은 한계가 있습니다. 성경에서 최고의 부자이자 권세자로서 많은 여인들을 아내로 두며 온갖 육적 축복을 누렸던 솔로몬이 뭐라고 고백했습니까?

> 전도자가 이르되 헛되고 헛되며 헛되고 헛되니 모든 것이 헛되도다 해 아래에서 수고하는 모든 수고가 사람에게 무엇이 유익한가
>
> (전 1:2-3)

사람이 하나님을 모른 채 영원을 잃어버린다면, 더 가지고 누리는 것이 무슨 의미가 있겠습니까? 왜 부모가 자녀들을 보며 안타까워합니까? 부모는 앞서 인생을 살아 보고 실패해 보았기에 비로소 무엇이 옳고 그르며 중요한지를 압니다. 그런데 자녀들은 앞날을 보지 못하고 그 순간의 쾌락과 만족에 빠져 실수를 하고 헛된 삶을 사니 안타까운 것입니다.

우리는 어떤 사람으로 평가되기를 원합니까? 에서는 부자였지만 성경은 '한 그릇 음식 때문에 장자를 포기한 사람'으로 기록합니다. 얼마나 안타까운 일입니까? 결국 에서는 빼앗겨 버린 영적 축복을 회복하지 못한 가운데 삶을 마무리했습니다. 육적 축복이 전부인 줄 아는 사람들은 에서가 회개할 기회를 얻지 못했다는 성경의 경고가 얼마나 무서운 것인지 깨닫지도 못할 것입니다.

이 무명의 사람도 때가 되면 에서와 같이 보이지 않는 평가에서 자유하지 못할 것입니다. 혹시 신을 벗어 봤습니까? 어떤 경우에 그 신을 벗었습니까? 모세처럼 하나님의 음성 앞에서 육신의 신발을 벗으면 축복입니다. 그것은 진정한 축복인 사명의 신발을 신기 위한 준비 과정이기 때문입니다.

하나님만 우리더러 신발을 벗으라고 하지 않습니다. 세상의 옷을 입고 있는 사탄도 우리더러 신발을 벗으라 합니다. 욕심과 자존심, 음란과 쾌락 앞에서 하나님이 우리에게 신겨 주신 신발을 벗으라고 유혹하는 것입니다.

이 세상의 유혹 앞에서 순간 자신을 지켜 내지 못하고 영적 사람으로서 신발을 벗어 보았습니까? 믿음의 신발을, 사명의 신발을, 거룩의 신발을 벗어 보았습니까? 혹시 그 신발을 벗고 있다면 다시 신기 바랍니다. 그 신발을 신을 기회를 놓치지 않길 바랍니다.

다니엘은 그 신을 벗지 않았습니다. 바벨론에 포로로 끌려갔지만 세상의 노예가 아니라, 하나님의 종으로 살고자 신앙의 몸부림을 쳤던 것입니다. 다니엘은 결국 거룩하기를 힘써 지켰고, 이름을 지켰고, 기도하는 사람으로서의 자신을 지켜 냈습니다.

지금 내 삶의 신발은 영적 신발입니까, 육적 신발입니까? 신고 있는 신발이 성도님들의 발걸음을 어느 방향으로 인도하고 있습니까? 그렇게 영원을 사모하던 사람들이 그저 오늘 눈앞에 보이는 걱정거리로 인해 영적 가치를 놓치는 것은 아닐까요? 사랑하는 하나님이 우리에게 신겨 주신 신발은 무엇입니까?

보아스가 복을 받다

보아스는 룻에게 기업 무를 자가 되어 주기 위해서 많은 대가를 지불해야 했습니다. 먼저 율법의 요구를 거절할 수 없었습니다. 율법의 요구에 담긴 축복을 욕심내었기 때문이 아닙니다. 율법의 요구가 하나님의 말씀이기에 그 말씀에 순종하고자 했던 것입니다. 보아스에게 그 순종은 당연한 것이었습니다.

마찬가지로 우리의 영원한 구원자 되신 예수님은 순종 그 자체셨습니다.

> 그는 육체에 계실 때에 자기를 죽음에서 능히 구원하실 이에게 심한 통곡과 눈물로 간구와 소원을 올렸고 그의 경건하심으로 말미암아 들으심을 얻었느니라 그가 아들이시면서도 받으신 고난으로 순종함을 배워서 온전하게 되셨은즉 자기에게 순종하는 모든 자에게 영원한 구원의 근원이 되시고(히 5:7-9)

기독교의 신앙생활은 순종에서 시작되고, 모든 축복 또한 순종을 통해서 누립니다. 보아스는 율법의 말씀에 순종하여 예수님 족보에 오르는 엄청난 영적 축복을 누리게 되었습니다.

보아스가 기업 무를 자로서 임무를 다하는 가운데 증인이 되었던 장로들은 보아스에게 세 가지를 축복했습니다.

> 성문에 있는 모든 백성과 장로들이 이르되 우리가 증인이 되나니 여호와께서 네 집에 들어가는 여인으로 이스라엘의 집을 세운 라헬과 레아 두 사람과 같게 하시고 네가 에브랏에서 유력하고 베들레헴에서 유명하게 하시기를 원하며(룻 4:11)

첫째, 이스라엘의 집을 세운 라헬과 레아와 같은 사람이 되기를 기도했습니다. 라헬과 레아는 나중에 이스라엘이 된 야곱의 아내들로 열두 아들의 어머니, 이스라엘의 어머니가 되는 사람들입니다. 그 열두 아들은 결국 이스라엘 열두 지파의 조상들이 되었습니다.

즉 장로들은 율법의 요구에 순종하여 룻의 신랑이 되어 주는 보아스를 축복하면서 그 후손이 번성하기를 축복했습니다. 라헬과 레아를 통해 이스라엘이 세워졌듯이 보아스와 룻을 통해서도 여호와의 집이 세워지기를 축복한 것입니다. 메시아까지 이어지는 이스라엘의 가계를 보아스와 룻이 이어가게 되기를 축복한 셈입니다.

둘째, 장로들은 보아스가 베들레헴에서 유력하고 유명하게 되기를 축복했습니다. 베들레헴에서 최고의 축복에 동참자가 되는 것이니 바로 예수님의 구속 사역의 동참자로의 축복을 한 것입니다. 놀랍게도 성경은 장로들이 축복한 대로 보아스라는 이름이 예수님 족보에서 세세토록 빛나게 하였습니다. 보아스는 말씀의 요구 앞에 순종하기 위하여 모든 것을 내려놓았습니다. 그런데 하나님이 그를 높이셔서 영원한 축복을 소유하게 되었습니다.

셋째, 베레스의 집과 같게 하기를 기도했습니다.

여호와께서 이 젊은 여자로 말미암아 네게 상속자를 주사 네 집이 다말이 유다에게 낳아준 베레스의 집과 같게 하시기를 원하노

라 하니라(룻 4:12)

베레스는 다말의 아들입니다. 다말은 이방 여자이며 유다의 며느리였습니다. 다말은 시부 유다와의 부정한 관계를 통해서 쌍둥이 아들 베레스와 세라를 낳았습니다(창 38:27-30, 마 1:3). 그런데 여기에 세라의 이름은 없고 베레스의 이름만 언급되어 있습니다. 그것은 보아스가 베레스의 후사였기 때문입니다(룻 4:18). 다시 말하면 베레스는 보아스의 직계 조상이었습니다. 베레스가 유다와 다말 사이의 계대 결혼법에 의해 태어나서 보아스의 조상이 되었듯이 룻과 보아스 사이에서 태어날 후사도 이와 같이 되기를 소망했습니다.

이러한 축복은 보아스와 룻의 후손들이 영원한 구속자이신 예수님의 은혜의 울타리 안에 있도록 하는 말입니다. 룻에게 보아스가 기업 무를 자가 되어 주었다면 오늘 우리의 기업 무를 자는 누구입니까?

구속 사역을 완성하시다

이 땅에서의 기업이 아니라, 영원한 기업을 무를 자는 예수 그리스도입니다. 처음 영적 존재로 지음을 받은 인생들에게 주어진 기업은 하나님과 영원한 천국이었습니다. 그런데 선악과를 먹어 기업을 상실하면서 하나님과 영원을 잃어버리게 되었습니다. 룻이 그러했던 것처럼 사람에게 그 처음 기업이 회복되지 않으면 아무 희망이 없었습니다.

> 보라 처녀가 잉태하여 아들을 낳을 것이요 그의 이름은 임마누엘 이라 하리라 하셨으니 이를 번역한즉 하나님이 우리와 함께 계시 다 함이라(마 1:23)

하나님은 왜 우리 곁에 오셨을까요? 하나님만이 우리의 진정한 기업임을 아시기 때문입니다. 우리는 세상도 좋고 하나님도 좋다 고 하지만, 거룩하신 하나님은 죄인 된 인간과 함께하실 수 없습니다. 이것은 능력의 문제가 아니라, 원칙의 문제입니다. 빛과 어두움 이 공존할 수 없음같이 거룩하신 하나님과 죄 문제를 해결하지 못 한 인생들이 함께할 수 없었던 것입니다. 그래서 하나님이 사람의 몸을 입고 오실 때 또 하나의 이름이 필요했습니다. 그 이름이 바 로 예수 그리스도입니다. 사람들과 '임마누엘' 하시기 위해 죄 문제 를 해결하시려고 예수로 오신 것입니다.

> 아들을 낳으리니 이름을 예수라 하라 이는 그가 자기 백성을 그 들의 죄에서 구원할 자이심이라 하니라(마 1:21)

이제 우리 모두는 예수 그리스도를 믿음으로 잃어버렸던 기업, 하나님과 영원한 천국을 회복하게 되었습니다. 이것은 예수님의 십자가와 고난을 통해서 이루신 구속 사역입니다. 내가 받을 고난과 십자가의 저주를 주님이 홀로 담당해 주신 것입니다. 이사야는 그 예수님의 사역을 믿음으로 이렇게 고백했습니다.

> 그가 찔림은 우리의 허물 때문이요 그가 상함은 우리의 죄악 때문이라 그가 징계를 받으므로 우리는 평화를 누리고 그가 채찍에 맞으므로 우리는 나음을 받았도다 우리는 다 양 같아서 그릇 행하여 각기 제 길로 갔거늘 여호와께서는 우리 모두의 죄악을 그에게 담당시키셨도다(사 53:5-6)

이 구속의 은혜를 깨달은 사람이라면 보아스가 받은 축복을 함께 받은 사람입니다. 영적으로만 이해할 수 있는 영원한 축복입니다. 이제 우리는 영적 구원의 축복을 받은 사람들로서 성찬을 받을 준비를 해야 합니다. '이것은 내 살이요, 내 피라!' 이 성찬은 구원받은 사람으로서 자신을 확인하면 받게 되는 생명의 양식입니다.

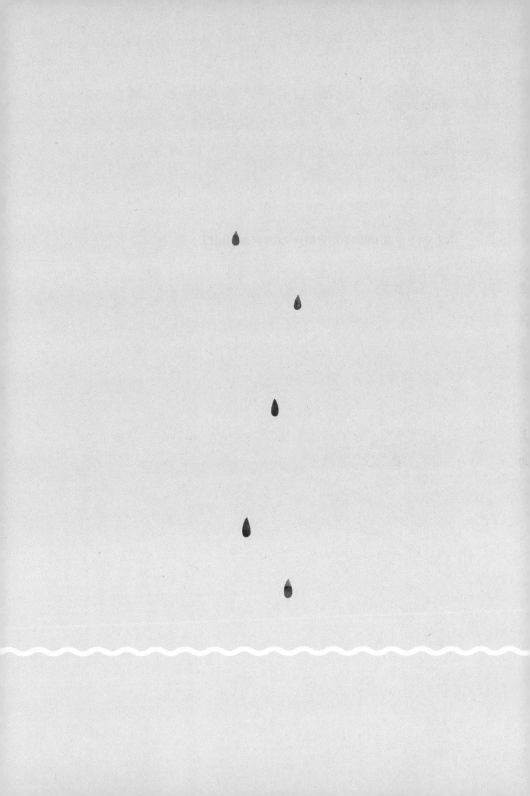

chapter 14

예수님의 계보, 자격 없는 자들의 기록
(4장 13-22절)

"내 못난 삶에 예수님이 보이는 것이 은혜입니다"

마침내 보아스가 룻을 아내로 삼았고 여호와께서 임신하게 하심으로 아들을 낳았습니다.

> 이에 보아스가 룻을 맞이하여 아내로 삼고 그에게 들어갔더니 여호와께서 그에게 임신하게 하심으로 그가 아들을 낳은지라(룻 4:13)

그 아들의 이름은 '오벳'으로 '여호와의 종' 그리고 '섬기는 자'라는 뜻을 가지고 있습니다. 보아스와 룻의 가정에 아들이 태어났으니 큰 기쁨이요, 축복이었습니다.

이 이야기는 말씀에 순종한 보아스와 이방 나라에서 언약의 울타리에 들어와 믿음을 갖게 된 룻이 행복하게 살았다고 결론을 맺어도 무난할 것입니다. 그런데 룻기의 결론은 어딘지 심상치 않습니다.

룻기의 주인공은 룻이 아니다

룻기의 결론은 다시 룻에게서 나오미에게로 무게 중심이 옮겨지고 있습니다.

> 여인들이 나오미에게 이르되 찬송할지로다 여호와께서 오늘 네게 기업 무를 자가 없게 하지 아니하셨도다 이 아이의 이름이 이

스라엘 중에 유명하게 되기를 원하노라 이는 네 생명의 회복자이
며 네 노년의 봉양자라 곧 너를 사랑하며 일곱 아들보다 귀한 네
며느리가 낳은 자로다 하니라(룻 4:14-15)

보아스와 룻이 낳은 아들을 나오미가 품에 안았는데 사람들은
나오미를 축복합니다. 심지어 17절에 보면 사람들이 "나오미에게
아들이 태어났다" 하며 오벳이라는 이름을 지어 주기까지 했습니
다. 나오미는 룻을 통해 하나님이 주신 아들을 품에 안고 감격하며
행복했습니다. 여기까지만 보면 룻기의 주인공이 나오미였다는 느
낌이 듭니다.

그런데 룻기의 결론은 룻이나 나오미의 이야기가 아니라 다윗
의 족보로 마무리합니다. 우리는 여기에 주목해야 합니다. 다윗의
족보가 곧 영광스러운 메시아, 예수 그리스도의 계보이기 때문입
니다.

아브라함과 다윗의 자손 예수 그리스도의 계보라(마 1:1)

신약성경은 예수님의 족보로 시작하는데 거기에 다윗이 등장
합니다. 즉 룻기는 예수님을 말하려는 것이고, 구원 이야기로 연
결되는 것입니다. 이 족보가 없었다면 룻기는 평범한 하나의 책으
로 끝났을 것입니다.

그렇다면 룻기의 결론에서 우리가 주목해야 할 부분은 나오미의 행복이 아니라 나오미가 안고 있는 아들입니다. 이 아들을 통하여 다윗 왕이 태어나고, 종국에는 모든 인생들의 잃어버린 기업을 회복시켜 주실 메시아 예수 그리스도가 태어나기 때문입니다.

영의 눈으로 봐야 보인다

나오미의 품에 안겨 양육을 받는 아기는 평범하지 않았습니다. 계시적 시각으로 보면 특별한 아들입니다. 그 아들은 나오미에게 있어 '생명의 회복자'이며 '노년의 봉양자'이고 '사랑을 베풀 자'입니다. 겉으로 보이는 부분은 나오미의 품에 안겨 양육을 받지만, 실제적으로는 그 아들로 인해 나오미의 생명이 회복되고 노년을 보장을 받으며 사랑받는다는 말입니다.

누가복음 2장에 아기 예수는 태어난 지 8일째 되는 날 모세의 법대로 정결 예식을 행하기 위해서 요셉과 마리아의 품에 안겨 성전에 갑니다. 시므온은 이 특별한 아들을 받아 안고 감격합니다.

예루살렘에 시므온이라 하는 사람이 있으니 이 사람은 의롭고 경건하여 이스라엘의 위로를 기다리는 자라 성령이 그 위에 계시더라 그가 주의 그리스도를 보기 전에는 죽지 아니하리라 하는 성령의 지시를 받았더니 성령의 감동으로 성전에 들어가매

마침 부모가 율법의 관례대로 행하고자 하여 그 아기 예수를 데
리고 오는지라 시므온이 아기를 안고 하나님을 찬송하여 이르되
주재여 이제는 말씀하신 대로 종을 평안히 놓아 주시는도다 내
눈이 주의 구원을 보았사오니 이는 만민 앞에 예비하신 것이요
이방을 비추는 빛이요 주의 백성 이스라엘의 영광이니이다 하니

(눅 2:25-32)

시므온은 태어난 지 8일 되는 핏덩이 아기의 모습에서 구원을
보았다며 감격합니다. 경건한 사람 시므온이 평생 기다리고 기다
리던 메시아를 눈으로 본 것입니다. 품에 안은 아이 안에서 주의
구원을 보았으니 이것이 복음입니다.

눈이 있다고 해서 누구나 메시아를 볼 수 있는 것이 아닙니다.
성령께서 알게 하시고 하나님께서 눈을 열어 주지 않으시면 깨달
을 수 없습니다. 이 아들은 단순히 요셉과 마리아가 낳은 그들만의
아들이 아니었습니다. 성령의 잉태 가운데 하나님이 보내신 특별
한 아들이었으니 온 인류의 구세주였습니다.

시므온은 일찍이 메시아를 보기 전에는 죽지 아니할 것이라는
성령의 감동이 있었습니다. 그 시므온은 평생 메시아를 기다리며
늙어 갔습니다. 시므온은 또 고백합니다. 이제 죽어도 문제가 없다
는 것입니다. 영원한 구원자 되시는 메시아, 예수 그리스도를 눈으
로 보았으니 말입니다.

주재여 이제는 말씀하신 대로 종을 평안히 놓아 주시는도다(눅 2:29)

시므온의 이 감격과 나오미의 감격이 겹쳐 보입니다. 나오미
는 보아스와 룻이 낳은 아들의 모습에서 메시아를 보았던 것입
니다. 그냥 보면 평범한 아이지만 믿음의 눈으로 보면 특별한 아
들입니다.

영적 생명인 예수를 품에 안다

하나님은 잃어버린 생명의 회복자가 되기 위해 사람의 몸을 입
고 아기 예수로 오셨습니다. 보이는 육적 생명이 아니라 보이지 않
는 영적 생명입니다. 이 영적 생명에 대해 요한일서 5장은 이렇게
말씀하고 있습니다.

> 또 증거는 이것이니 하나님이 우리에게 영생을 주신 것과 이 생
> 명이 그의 아들 안에 있는 그것이니라 아들이 있는 자에게는 생
> 명이 있고 하나님의 아들이 없는 자에게는 생명이 없느니라(요일
> 5:11-12)

영생하는 영적 생명이 예수 그리스도 안에 있습니다. 그러므로
예수를 영접한 사람은 생명이 있고, 그렇지 않으면 생명이 없습니

다. 예수님을 영접함으로 그 안에 있는 생명이 내 것이 되는 것입니다. 예수님은 단순히 이 땅에서 더 잘 살게 하는 육신의 생명을 위해서 오신 것이 아닙니다. 잃어버린 영적 생명의 회복자가 되어 주기 위해 오신 것입니다.

아담의 선악과 사건 이후에 모든 사람들은 영적 생명을 상실했습니다. 그래서 우리는 죄와 사망에 매인 자로 태어나 그렇게 살아가고 있습니다. 이 죄와 사망의 상태 가운데서 모든 사람들은 하나님과 천국이라는 영생의 기업을 잃어버렸습니다. 이 상태는 영적 사망입니다.

나오미와 시므온, 우리도 영적 생명을 잃어버린 사람으로 태어났습니다. 이렇게 영적 생명을 잃어버린 모든 사람의 진정한 소망은 메시아를 만나는 것입니다. 따라서 우리는 예수 그리스도를 영접해야 합니다. 예수 그리스도를 믿고 영접한 사람에게는 이 영적 생명이 회복됩니다. 그래서 예수님을 영접한 그리스도인은 또 하나의 생명, 영적 생명을 소유한 자로 살아가는 것입니다.

> 영접하는 자 곧 그 이름을 믿는 자들에게는 하나님의 자녀가 되는 권세를 주셨으니 이는 혈통으로나 육정으로나 사람의 뜻으로 나지 아니하고 오직 하나님께로부터 난 자들이니라(요 1:12-13)

우리가 예수님을 영접하는 축복을 누리는 것은 각자의 공로나

의로 인한 것이 아닙니다. 오직 하나님의 의로서 구원해 주신 것입니다.

> 또한 우리를 부당하고 악한 사람들에게서 건지시옵소서 하라 믿음은 모든 사람의 것이 아니(살후 3:2)

믿음은 모든 사람의 것이 아닙니다. 아무나 믿을 수 없는 예수를 우리가 믿게 되었습니다. 아무나 받을 수 없는 구원의 진리를 우리가 구원의 진리로 믿고 받은 것이니 얼마나 귀합니까? 혈통으로도, 사람의 뜻으로도 아닌 오직 하나님께로부터 난 자들이 된 것입니다. 사망 가운데서 영적 생명의 회복자가 되어 영생을 소유한 자로 말입니다. 그래서 예수를 영접한 그리스도인들은 죽어도 죽은 것이 아닙니다.

영원한 생명을 보장받다

품에 안은 아이가 나오미 노년의 봉양자가 되어 준다는 것은 무슨 뜻일까요? 나오미는 이미 늙은 노인입니다. 품에 안고 있는 아이가 언제 성장해서 늙은 나오미의 봉양자가 될 수 있겠습니까? '노년의 봉양자'라는 말은 육신의 노년을 말하는 것이 아닙니다. 바로 나오미의 영원을 책임져 주시는 메시아의 역할입니다. 무엇보다 진정한 봉양은 함께 있어 주는 것입니다. 나오미의 잃어버린 영적 생명을 회복하게 하사 '임마누엘'의 축복을 주시는 것입니다.

지금 나에게 예수 그리스도는 어떤 의미입니까? 우리가 살아가는 이 땅의 몇 년을 책임져 주시는 예수 그리스도가 아닙니다. 만약에 이 땅에서의 육적 축복을 위해서라면 하나님이 사람의 몸을 입고 아기 예수로 오셔야 할 이유가 없습니다. 그것은 천사를 보내셔도 충분히 해결할 수 있습니다. 그러나 하나님이 사람이 되어 아기 예수로 오셔야 했던 이유는 우리의 영생을 위해서였습니다. '임마누엘 하나님'은 나오미와 우리에게 영원한 생명을 보장해 주십니다.

하나님의 사랑받는 자라는 확신이 있습니까?

복음의 축복은 나오미가 품에 안은 아이를 사랑함으로 맺어지는 열매가 아니라 품에 안은 아이의 사랑으로 맺어지는 열매입니다. 어떻게 품에 안은 아이에게서 자신을 향한 하나님의 사랑을 보겠습니까? 정말 특별한 아들 아닙니까? 이 아들을 품에 안고 영접한 사람들은 하나님의 사랑을 품게 됩니다. 당신은 하나님의 사랑받는 자라는 '자기 확신'이 있습니까?

하나님의 사랑이 우리에게 이렇게 나타난 바 되었으니 하나님이
자기의 독생자를 세상에 보내심은 그로 말미암아 우리를 살리려
하심이라 사랑은 여기 있으니 우리가 하나님을 사랑한 것이 아니

요 하나님이 우리를 사랑하사 우리 죄를 속하기 위하여 화목 제
물로 그 아들을 보내셨음이라(요일 4:9-10)

우리가 하나님을 사랑한 것이 아니요, 하나님이 먼저 우리를
사랑하셨습니다. 예수 그리스도 안에서 보는 하나님의 사랑입니
다. 예수 그리스도를 영접한 우리는 최고의 사랑을 받은 사람들
입니다.

예수님의 족보, 못난이들의 기록

나오미의 품에 안긴 아이의 이름이 무엇입니까?

그의 이웃 여인들이 그에게 이름을 지어 주되 나오미에게 아들이
태어났다 하여 그의 이름을 오벳이라 하였는데 그는 다윗의 아버
지인 이새의 아버지였더라(룻 4:17)

이 말씀을 근거로 하여 보면 나오미의 품에 안겨 있는 아기 오벳
은 나중에 다윗의 할아버지가 됩니다. 보아스와 룻은 다윗 왕의 증
조할아버지, 증조할머니가 됩니다. 이렇게 룻기의 결론은 다윗 가
문의 족보로 마무리하고 있습니다.

> 베레스의 계보는 이러하니라 베레스는 헤스론을 낳고 헤스론은
> 람을 낳았고 람은 암미나답을 낳았고 암미나답은 나손을 낳았고
> 나손은 살몬을 낳았고 살몬은 보아스를 낳았고 보아스는 오벳을
> 낳았고 오벳은 이새를 낳고 이새는 다윗을 낳았더라(룻 4:18-22)

룻기의 결론에 등장하는 다윗 족보의 이름들을 면면이 살펴보면 각각에게 담긴 은혜가 있습니다.

베레스의 어머니는 창세기 38장에 소개되고 있는 유다의 큰며느리 다말입니다. 다말의 남편이 여호와 앞에 악을 행해 갑자기 죽게 됩니다. 그러자 유다가 계대 결혼법으로 둘째 아들인 오난을 형수에게 들여보내서 자식을 낳아 대를 잇도록 했습니다. 그런데 오난이 형수가 자식을 낳아도 자기 자식이 되지 않는다고 하여 형수에게 씨를 주지 않기 위해 땅에 설정해 버립니다. 이 행위 또한 하나님 앞에 악하므로 오난도 죽게 되었습니다. 유다는 졸지에 두 아들을 잃어버리고 맙니다.

계대 결혼법대로 하면 마지막 아들인 셀라도 다말에게 주어서 자식을 생산하도록 해야 했지만 셀라도 행여 죽을까 하여 유다는 다말을 친정으로 쫓아 버립니다. 이렇게 쫓겨 간 다말이 가문의 대를 잇고자 스스로 창기가 되어 시아버지인 유다를 유혹하여 동침합니다. 이렇게 말도 안 되는 방법으로 태어난 아들이 바로 '베레스'입니다. 이 베레스가 유다의 가문을 이어 갔습니다.

그렇다면 보아스를 낳은 살몬은 누구입니까?

> 살몬은 라합에게서 보아스를 낳고 보아스는 룻에게서 오벳을 낳
> 고 오벳은 이새를 낳고(마 1:5)

우리가 룻기를 계속 묵상하면서 보아스를 대단하게 보았지만 오늘날로 말하면 사실 보아스는 장가가기 힘든 사람입니다. 보아스를 낳은 어미가 바로 기생 라합이었기 때문입니다. 그렇게 대단해 보였던 보아스도 살펴보니 자랑할 것이 없는 사람이었고, 그 보아스와의 관계에서 오벳을 낳은 룻 또한 신랑을 잃어버린 사람이었습니다. 이런 가문에서 다윗이 태어났습니다.

메시아의 족보, 예수님의 족보라면 무엇인가 대단하고 거룩한 사람들이 보여야 할 것 같습니까? 그런데 그 족보에 오른 인물들을 보면 다 그렇고 그런 정도의 자격 없는 사람들입니다. 못난이들의 잔치이고 못난이들의 기록입니다.

룻기의 결론으로 기록된 다윗의 계보를 보면서 그 계보에 우리의 이름을 올려도 문제없다는 생각이 듭니다. 사실 나는 구원을 받았지만 너무 부끄러운데 나보다 더 부끄러워 보이는 사람들, 부정한 방법으로 아들을 낳은 다말, 기생 라합을 보면서 괜찮다 싶은 것입니다. 예수님 구속의 족보에 내 이름이 올라가도 왕따 당하지 않을 것 같습니다.

이 말도 안 되는 예수님 족보가 우리에게 말하고자 하는 것이 무엇입니까? 우리의 구원은 우리의 자격, 우리의 공로가 아니라는 것입니다. 그것은 "내가 너를 사랑하노라" 하신 일방적 사랑이요, 말도 안 되는 은혜입니다. 이 말도 안 되는 족보를 나열하면서 "내가 너를 사랑한다" 하시는 것입니다.

우리는 구원받기에 처음부터 자격 없는 사람들이었습니다. 그 족보에 조금 잘나 보이는 사람이 있으니 '다윗'입니다. 그러나 다윗 또한 결코 잘난 사람이 아니었습니다. 다윗의 처음도 자격 없는 자였습니다. 사무엘상에서 다윗을 어떻게 소개하고 있습니까?

> 다윗은 유다 베들레헴 에브랏 사람 이새라 하는 사람의 아들이었는데 이새는 사울 당시 사람 중에 나이가 많아 늙은 사람으로서 여덟 아들이 있는 중⋯ 다윗은 막내라 장성한 세 사람은 사울을 따랐고(삼상 17:12, 14)

'막내'를 뜻하는 히브리어는 '학가톤'입니다. '학가톤'은 순서의 개념도 있지만 더 자세하게는 등급의 개념입니다. 한마디로 다윗은 순서적으로 막내이기도 하지만, 여덟 아들 중에 등급이 모자란 아들이었습니다. 아버지에게도 인정받지 못할 만큼 가장 못난 아들이어서 왕의 자격이 없는 사람이었습니다.

이스라엘의 참 왕은 다윗이 아니라 하나님이셨습니다. 하나님은 이스라엘의 참 왕이 되시기 위해 자격 없는 미달자 '학가톤'을 왕으로 세워 놓으셨습니다. 놀라운 것은 영원한 메시아이신 예수님이 이런 사람들의 후손으로 오셨다는 것입니다. 자격 없는 우리의 이름까지 올릴 구원 섭리를 가지고 말입니다.

룻기의 결론이 은혜인 이유가 여기에 있습니다. 이 족보에서 우리는 다윗을 넘어 예수 그리스도가 보여야 합니다. 성경에서 아브라함과 다윗을 만나고 수많은 사건을 다 알아도 그 가운데서 예수님을 보지 못하면 성경이 말하고자 하는 것을 제대로 모르는 것입니다. 성경은 위인전이 아닙니다. 어느 한 시대, 어느 한 사건을 말하고자 하는 역사서도 아닙니다. 성경의 결론은 언제나 예수 그리스도입니다. 성경은 예수님을 믿고 영생을 얻는 길을 알려 주는 하나님의 말씀입니다.

그래서 우리는 성경에서 복음을 만나야 합니다. 아브라함과 다윗의 생애에서 예수 그리스도의 십자가를 보아야 합니다. 그리고 예수 그리스도 안에서 구원받을 자격 없는 사람인 내가 보여야 합니다. 오직 은혜 가운데 믿음으로 보는 것입니다.

모든 성경이 그렇듯이 룻기에는 거대한 복음의 광맥이 흐르고 있습니다. 창세기부터 요한계시록까지 흐르는 이 광맥을 믿음이 아니면, 은혜가 아니면 발견할 수 없습니다.

룻기에서 다윗을 만났고 예수님을 만났다면 최고의 복음 여행을 한 것입니다. 룻기는 오늘을 살아가는 우리에게 주신 하나님의 말씀이니 바로 나의 구원 이야기입니다. 룻이 나였고, 룻이 입은 은혜 또한 내가 입은 은혜입니다. 자격 없는 다말처럼, 자격 없는 기생 라합처럼, 학가톤인 다윗처럼 우리도 등급이 모자라고 자격 없는 사람이었지만, 예수님 족보 안에 우리의 이름이 보이니 이것이 오직 은혜입니다.

이제 우리 모두의 삶에 예수 그리스도가 보여야 합니다.